Heike Wendler

Wie auch die Katz' zur Krippe kam

Tierische Weihnachtsgeschichten

Heike Wendler

Wie auch die Katz' zur Krippe kam

Tierische Weihnachtsgeschichten

benno

Bibliografische Information der Deutschen Nationalbibliothek
Die Deutsche Nationalbibliothek verzeichnet diese Publikation in der Deutschen Nationalbibliografie; detaillierte bibliografische Daten sind im Internet über http://dnb.d-nb.de abrufbar.

Besuchen Sie uns im Internet unter:
www.st-benno.de

Gern informieren wir Sie unverbindlich und aktuell auch in unserem Newsletter zum Verlagsprogramm, zu Neuerscheinungen und Aktionen. Einfach anmelden unter www.st-benno.de.

ISBN 978-3-7462-4412-9

Umschlaggestaltung: Ulrike Vetter, Leipzig
Coverbild: © vitd/Fotolia
Gesamtherstellung: Kontext, Lemsel (A)

Inhalt

Ein Siebenschläfer für St. Marien

Die alte Stiftskirche St. Marien war schon seit Jahrhunderten das Zentrum der Gemeinde. Auch wenn vom barocken Ursprungsbau inzwischen nur noch die Grundmauern im Original erhalten waren, so war sie auch heute noch – Dank umfangreicher und andauernder Renovierungsarbeiten – in einem tadellosen Zustand. Nun, kurz vor der anstehenden Adventszeit, waren die letzten Handwerker endlich ausgezogen.
„Wir haben die Kirche wieder für uns!“, brachte es Margret Däner auf den Punkt. Die rundliche Mittfünfzigerin engagierte sich gern in der Gemeinde und hatte schon vor gut fünfzehn Jahren die Leitung des örtlichen Kirchenchors übernommen. Als Musiklehrerin war sie dafür auch wie geschaffen. Sie spielte nicht nur gern Klavier und Blockflöte, sondern schaffte es sogar, die jungen Leute für den Chor zu begeistern, wo andere Chöre über Nachwuchssorgen klagten.
„Wir haben keine Sorgen, wir haben unsere Kirche!“, pflegte Margret dann immer zu sagen. Sie sah sich zufrieden um. Keine Gerüste mehr, kein Klopfen und Hämmern, nur friedliche Stille.
„Ja, so soll sich eine Kirche anhören!“, brummte Ludwig, der wie immer viel zu früh zur Chorprobe erschien. „Dann kann man sich endlich mal wieder in Ruhe auf eine Kirchbank setzen und beten!“
„Dösen!“, grinste Margret ihn an.
„Ich döse nicht in der Kirche!“, protestierte Ludwig prompt.

„Aber du musst doch zugeben, diese Stille ist herrlich!"
„Ja!", stimmte Margret ihm unumwunden zu. „Das ist sie. Und wir werden nachher endlich in Ruhe proben können! Martin kommt heute auch vorbei, das wird großartig!"
Martin Schäber war als Organist sehr gefragt. St. Marien war nämlich nicht nur alt und gut in Schuss, die barocke Kirche besaß neben ihrem historischen Äußeren noch einen anderen Schatz: eine gut erhaltene romantische Orgel, knapp hundertfünfzig Jahre alt. Die Orgelkonzerte, in Verbindung mit dem Chor, waren gerade in der Adventszeit ein Highlight in der Region. Es kamen sogar Besucher aus der Stadt vorbei, und seit ein paar Jahren war der Andrang so groß, dass der Gemeinderat beschlossen hatte, im Vorfeld Karten zu verkaufen. „Die Einnahmen fließen komplett in die Kircheninstandhaltung!" Das stand sogar auf den Eintrittskarten drauf.
Die Proben des Kirchenchores fanden in der Regel am frühen Abend statt. In den letzten Wochen hatten sie oftmals ins Gemeindehaus ausweichen müssen, weil die Handwerker unbedingt ihren Zeitplan einhalten wollten und bis abends gearbeitet hatten. Dafür war nun auch alles mehr als pünktlich fertig geworden, wie Margret zufrieden feststellte. Die überlebensgroße Figur der Maria, der die Kirche ihren Namen verdankte, stand wieder vom Staubschutz befreit in ihrer Nische und strahlte die Würde aus, die Margret schon seit ihrer Kindheit kannte.
„Ich geh schon mal hoch!", hörte Margret den Organisten rufen. Wie immer konnte er es kaum abwarten, sich der Orgel zu widmen. Und er war auch der Einzige, den Margret mit ihren selbstgebackenen Keksen nicht dazu bringen konnte, für einen Plausch zu verweilen. So langsam trudelten auch die restlichen Chormitglieder ein, und auch wenn der Chor

nicht über mangelnden Zulauf klagen konnte, so blieben die Generationen jedoch auch hier weitestgehend unter sich, wie Margret seufzend feststellte. Sie selbst war den Umgang mit jungen Leuten ja aus der Schule gewohnt, auch wenn sie immer wieder feststellte, dass die Unterschiede zwischen den Generationen doch enorm waren. Viele ältere Gemeindemitglieder, besonders jene, die weder Kinder noch Enkel in dem entsprechenden Alter hatten, taten sich beispielsweise schwer damit, wenn die jungen Leute noch schnell vor der Chorprobe ihre Mails auf dem Smartphone checkten. Margret kannte das aus der Schule, auch wenn es da strenge Ansagen gab.
„In der Kirche gehört sich sowas nicht!“, hörte sie prompt Herbert murren. Er war zweiundsiebzig und schon länger im Kirchenchor aktiv, als Margret zurückdenken konnte. „Ich weiß nicht, was das soll, immerzu müssen sie auf diesen kleinen Dingern rumtippen! Die können sich gar nicht vorstellen, dass es mal eine Zeit gab, in der man früh aus dem Haus gegangen ist und einfach weg war. Nicht erreichbar, basta. Da gab es keine Handys, und auch zu Hause hatte kaum einer ein Telefon! Weißt du noch, Margret? Ihr hattet zu DDR-Zeiten daheim doch auch keins! Kaum einer im Ort hatte ein Telefon und unsere Kinder haben das auch überlebt, sich nach der Schule zu verabschieden oder zu Verabredungen eben einfach mal pünktlich zu sein! Das können die sich heute gar nicht mehr vorstellen!“
Er brummte noch weiter vor sich hin und Margret beschloss, darauf lieber nichts zu antworten. Herbert hatte es nicht so mit der modernen Technik, obwohl er einen Enkel hatte, der gerade erst Abitur machte. Doch auch Adrian konnte seinen Opa wohl nicht von der Nützlichkeit moderner Errungenschaften überzeugen. Sie selbst wusste diese inzwischen sehr zu schätzen.

„Da stimmt was nicht!“, polterte plötzlich Martin hinter ihr. Er war wieder heruntergekommen von der Empore und hielt Margret ein Zellstofftaschentuch mit etwas entgegen, das aussah wie Kotreste. „Das gehört da oben definitiv nicht hin!“, sagte er und Margret glaubte, einen gewissen Vorwurf aus seiner Stimme herauszuhören.

„Lass mal sehen!“, mischte sich Ludwig ein.

Ludwig betrachtete sich die Fundstücke, allerdings ohne sie zu berühren. „Sieht so aus, als hätten wir hier Besuch!“, sagte er dann. „Nur wer uns das hinterlassen hat, weiß ich nicht. Wie Mäusekot sieht es eigentlich nicht aus. Und Ratten?“

Margret zuckte zusammen. „Ratten? In unserer Kirche! Das darf doch nicht wahr sein!“

„Lasst uns lieber anfangen!“, schlug Herbert vor und warf Martin einen auffordernden Blick zu. „Komm, junger Mann, hopp, hopp, rauf mit dir zur Orgel!“

Martin war es sichtlich nicht geheuer und Margret ahnte, dass er sich oben erst mal nach allen Seiten vorsichtig umsah. Er war ein schlauer Bursche, sehr belesen und unglaublich klug. Aber mit Tieren und Pflanzen hatte er es nicht so. Vergeistigt eben, so nannte das immer ihr Mann.

Margret rief alle zusammen, sorgte für Ruhe und wollte gerade das erste Lied anstimmen, als sie es hörte: Ein Trappeln und Rascheln, auf jeden Fall ein Geräusch, das nicht hierher gehörte! Die meisten Chormitglieder hatten es auch gehört.

„Hier springt was rum!“, brachte es Renate auf den Punkt und sah sich um. Doch die Ursache des Geräuschs ließ sich nicht lokalisieren. Solange alle sangen und die Orgel spielte, hörte Margret es nicht, doch wenn Stille herrschte, waren die Geräusche schon deutlich zu hören. Irgendjemand oder irgendetwas schlich in der Kirche herum, daran gab es keinen Zweifel.

Und wenn Martin vorhin diese Reste nicht gefunden hätte, Margret hätte glatt an einen Halunken geglaubt.
Es wurde eine unruhige Chorprobe, weil alle zumindest aus den Augenwinkeln heraus den Fußboden im Blick hatten.
„Wir müssen uns darum kümmern, da hinten liegt noch mehr davon!“, brummte Herbert, als die meisten Chormitglieder die Kirche schon wieder verlassen hatten. „Vielleicht sollten wir Fallen aufstellen?“
„Und damit die armen Tierchen töten, die hier eingezogen sind?“, reagierte Bettina empört. Sie fuhr Margret immer nach Hause, weil sie praktisch nebeneinander wohnten. Bettina war eine Tierfreundin und bekannt für ihre grünen Gedanken, wie Pfarrer Steiner sich gern auszudrücken pflegte. Das hieß im Klartext, dass sie gern darauf achtete, dass auch möglichst alle in der Gemeinde fleißig ihren Müll trennten und die Vogelhäuschen im Winter immer prall gefüllt waren. Die Umwelt lag ihr sehr am Herzen, wofür Margret ihr ehrlich Respekt zollte, auch wenn Bettina ihrer Meinung nach oft übertrieb.
„Es gibt auch Lebendfallen!“, sagte Ludwig. „Ich hab daheim noch eine. Ich stelle sie gleich morgen auf und rede mit dem Pfarrer!“
Damit war selbst Bettina einverstanden und sie konnten nach Hause fahren.

Zwei Wochen später, die ersten Adventskonzerte standen am Wochenende an, waren die mittlerweile vier Lebendfallen immer noch leer. Dafür häuften sich die Kotreste. Sie fanden sich oben an der Orgel und in der Sakristei, ebenso unter den seitlichen Kirchenbänken. Es war nie viel, aber es war da.
„Das ist vielleicht nur ein Tier!“, vermutete Bettina. „Wenn es viele wären, würden wir mehr finden!“

„Du meinst, wir haben eine einzelne Kirchenmaus?“, vergewisserte sich Margret.

„Ich glaube, es ist keine Maus, die wäre uns in die Falle gegangen!“, widersprach Bettina.

„Ich kann das ja mal googeln!“, schlug Mara-Sophie vor. Sie wartete auf Margret und Bettina, weil sie mit ihnen nach Hause fahren wollte. Margret hatte sie vor einiger Zeit nach dem Unterricht angesprochen und auf den Chor aufmerksam gemacht. Mara-Sophie verfügte über einen herrlichen Sopran und hatte zum Glück auch Lust, im Chor mitzumachen. So kamen sie eigentlich an die meisten jungen Stimmen – Margret sprach die Besten ihrer Schüler einfach direkt an.

„Googeln! Wenn ich das schon höre!“, polterte Herbert gleich los.

„Lass sie doch!“, wurde er jedoch schnell von Martin zurechtgewiesen, der sich durch die Hinterlassenschaften des ungebetenen Gastes in der Nähe seiner geliebten Orgel wohl persönlich angegriffen fühlte. „Dann wissen wir vielleicht endlich, was hier lebt! Also ich für meinen Teil würde das nämlich sehr gern wissen!“

„Ja, wenn wir den Feind kennen, können wir ihn bekämpfen!“, sagte Renate und handelte sich damit prompt einen bösen Blick von Bettina ein.

„Tu das!“, mischte sich nun auch Margret ein und schob das Taschentuch mit den Fundstücken dem Mädchen zu. „Vielleicht sollten wir das mal Dr. Böhmer zeigen?“, überlegte sie. Der studierte Biologe unterrichtete am gleichen Gymnasium wie sie, Biologie natürlich. Das war überhaupt die Lösung, freute sich Margret. Und Dr. Böhmer war es dann auch, der ihren Kirchengast recht zweifelsfrei identifizierte: „Das sieht nach einem Siebenschläfer aus!“, sagte er und klang recht überzeugt.

„Ein Siebenschläfer? In unserer Kirche? Wie kommt er denn da hin?“ Margret war sichtlich verdattert, Mara-Sophie ebenfalls.

„Was ist das denn eigentlich?“, wollte sie wissen.

„Ein Siebenschläfer ist ein mausähnliches Nagetier aus der Familie der Bilche!“, setzte Dr. Böhmer an. „Er ist nachtaktiv und seine Gestalt erinnert an ein Eichhörnchen, jedoch ist der Siebenschläfer deutlich kleiner. Er hat große, schwarze Augen, einen buschigen Schwanz und rundliche Ohren ...“

„Danke, Herr Kollege!“, unterbrach ihn Margret. „Das ist ja alles gut und schön, aber wie bitteschön kommt so ein Tier in unsere Kirche! Und vor allem, wie kriegen wir es wieder raus? Die Adventskonzerte stehen vor der Tür!“

„Wenn er nachtaktiv ist, verschläft er die vermutlich!“, überlegte Mara-Sophie.

„Der Krach könnte ihn beim Schlafen stören!“, wandte Dr. Böhmer ein.

„Krach?“, protestierte Margret. „Unser Gesang ist doch kein Krach!“

„Für so einen Siebenschläfer schon!“, entgegnete Dr. Böhmer trocken. „Die Tiere sind sehr sensibel und übrigens auch geschützt. Wussten Sie, dass der Siebenschläfer das Tier des Jahres 2004 war?“

„Nein!“, gab Margret zu. „Und ehrlich, das interessiert mich auch nicht!“ Sie war insgeheim froh, dass Bettina das nicht gehört hatte.

„Werden die eigentlich groß?“, fragte Mara-Sophie den Biologielehrer. „Ich meine, das Vieh hat schon reichlich Krach gemacht! Wenn Sie sagen ‚mausähnlich‘ und wie ein Eichhörnchen, dann kann ich mir kaum vorstellen, dass ein einzelnes Tier so einen Lärm veranstalten kann!“

„Na hoffentlich hat sich da keine ganze Sippe zum Überwintern bei uns einquartiert!“, stöhnte Margret auf. Doch Dr. Böhmer beruhigte sie.
„Nein, nein, ich schätze, es ist nur einer, nach dem was Sie über seine Hinterlassenschaften gesagt haben. Wären es mehr, hätten Sie auch mehr gefunden. Und was die Größe betrifft, das stimmt schon. Siebenschläfer pflegen, wenn sie nicht schlafen, herumzulaufen und können dabei in der Tat so viel Lärm machen, dass man diesen problemlos einem erwachsenen Einbrecher zuschreiben könnte und nicht einem so kleinen Tier!“
„Aber wo kommt der denn nur her?“, wunderte sich Margret immer noch. Biologie gehörte nun nicht unbedingt zu ihren Steckenpferden, und mit Siebenschläfern hatte sie bisher noch nie zu tun gehabt.
„Siebenschläfer leben eigentlich in Laubwäldern, man findet sie aber auch in Gärten, wenn diese groß genug sind, und das in ganz Europa. Sie leben in Baumlöchern, bevölkern aber auch Vogelhäuschen oder die Dächer von Häusern. Aber gefährlich, da kann ich Sie beruhigen, sind sie nicht!“
„Vielleicht nicht für Menschen, aber für unsere Kirche schon!“, entfuhr es Margret. Hatte Dr. Böhmer nicht was von Nager erzählt? Was, wenn dieser Siebenschläfer alles anknabberte? Womöglich sogar die Orgel? Ihr wurde ganz schlecht bei der Vorstellung, sie musste unbedingt mit dem Pfarrer reden, am besten heute noch.

Gleich nach dem Unterricht fuhr Margret zur Kirche. Sie hatte Pfarrer Steiner vorab informiert, dass sie kommen würde. Als sie ankam, waren Ludwig und Herbert auch da.
„Ein Siebenschläfer?“, wunderten sich alle drei, als Margret ihnen von ihrem Gespräch mit Dr. Böhmer berichtete.

„Vielleicht sollten wir den Herrn Biologen mal herbitten?“, schlug Ludwig vor. „Der scheint sich ja auszukennen, er kann uns vielleicht helfen?“

Margret griff sofort zu ihrem Telefon und fragte nach – sie hatten Glück, Dr. Steiner hatte nichts vor und war von Neugier gepackt.

Eine halbe Stunde später traf Dr. Böhmer ein und zeigte erst einmal ein paar Bilder rum.

„Damit Sie wissen, womit Sie es hier zu tun haben!“, sagte er. Auf den ersten Blick war das possierliche Tier keineswegs gefährlich, eher niedlich. Trotzdem hatte Margret ein ungutes Gefühl, wenn sie an die Geräusche dachte. Und dann auch noch in der frisch renovierten Kirche! An die Schäden, die das Tier verursachen konnte, wollte sie erst gar nicht denken.

„Und wieso hält er eigentlich keinen Winterschlaf?“, fragte Ludwig, nachdem er sich das Tier lang und breit angeschaut hatte. „Wir haben Winter!“

„Ja, schon, aber längst keine Minusgrade, zudem dürfte es in der Kirche noch deutlich zu warm für ihn sein“, mutmaßte Dr. Böhmer. „In der Regel halten Siebenschläfer von ungefähr September bis Anfang Mai Winterschlaf. Zwischendurch wird er aber auch immer mal wieder wach, allerdings meist nur ein paar Mal. Ich schätze, es liegt wirklich an den Temperaturen, aber das kann ich natürlich auch nur vermuten, ich bin ja nun kein Spezialist auf dem Gebiet!“

„Schön, dann muss er raus, nur wie?“, brummte Herbert.

„Was fressen diese Siebenschläfer eigentlich?“, fragte Pfarrer Steiner.

Dr. Böhmer überlegte einen Moment. „Bucheckern, Eicheln, Haselnüsse, Kastanien – so was eben. Manchmal auch Insekten und Vogeleier oder gar kleine Vögel. Warum? Wollen Sie ihn füttern?“

„Anlocken!“, sagte Pfarrer Steiner. „Wenn wir wissen, was er gern mag, dann können wir ihn vielleicht in eine Falle locken und evakuieren!“

„Dafür brauchen Sie viele Fallen und viel Geduld!“, meinte der Biologe.

„Würde es was bringen, wenn ich meinen Kasper mitbringe?“, fragte Ludwig. „Der könnte ihn aufspüren! Der ist im Schnüffeln unschlagbar!“

Dr. Steiner sah Ludwig fragend an. „Also, wenn Ihr Kasper ein Marder, eine Eule oder eine Katze ist, haben Sie da gute Chancen! Die gehören zu den Fressfeinden des Siebenschläfers!“

Margret kicherte. „Nein, Kasper ist sein alter Cockerspaniel und halb blind dazu!“

„Kasper ist topfit!“, protestierte Ludwig prompt. „Ich hole ihn nachher und dann lasse ich ihn schnüffeln!“

„Katzen sagen Sie?“, mischte sich nun Herbert ein. „Hat nicht die Renate eine? Ich meine, draußen haben hier viele welche, aber irgendwie hören, zumindest soweit man das von Katzen denn überhaupt verlangen kann, sollte sie ja. Sie soll den Siebenschläfer ja nun nicht gleich fressen, nur fangen. Da wäre eine zahme Katze doch vielleicht hilfreich, oder?“

„Die Renate hat eine Katze!“, bestätigte ihm Margret. „Die Moni. Eine ganz Süße! Und so frech! Ich kann die Renate ja mal anrufen!“

„Mach das!“, entschied der Pfarrer. „Ich kümmere mich um das Futterzeug für die Fallen.“

„Aber wie gesagt Vorsicht, aufgrund seiner Bedrohung wurde der Siebenschläfer 2004 in Deutschland zum Tier des Jahres erklärt, wobei die Weltnaturschutzorganisation ihn als ‚nicht gefährdet‘ eingestuft hat. Ich würde ihn höchstens einfangen und auswildern, aber nicht töten!“, erinnerte sie Dr. Steiner.

Und sowohl der Pfarrer, als auch Margret, versicherten ihm, dass sie genau das vorhatten.

Auch wenn der Biologe Kasper kaum Chancen einräumte, den Siebenschläfer in St. Marien aufzustöbern, wollte Ludwig nichts unversucht lassen. Unter den strengen Blicken von Herbert, dem Pfarrer, Margret und der herbeigerufenen Renate, die ihre Moni erst mal noch daheim gelassen hatte, als sie von Kasper erfuhr, ließ er seinen Hund Reihe für Reihe abschnüffeln. Dann führte er Kasper durch den Rest der Kirche, doch auch wenn der Cockerspaniel begeistert von einer Ecke zur anderen sauste und schwanzwedelnd um Margret herumstreifte, den Siebenschläfer fand er nicht.
„So, das war's, ich hole meine Moni!", verkündete Renate nach einer guten Stunde. Und während diese noch unterwegs war und Ludwig seinen Kasper nach Hause schaffte, überlegten Margret, Pfarrer Steiner und Herbert, wie sie die Katze im Zweifelsfall von dem Siebenschläfer wieder ablenken konnten.
„Also ein Gemetzel lasse ich in meiner Kirche nicht zu!", erklärte ihnen der Pfarrer kategorisch. Doch seine Angst war unbegründet. Moni fühlte sich in der Kirche sichtlich unwohl, sie maunzte kläglich und ließ sich kaum dazu bringen, irgendwo herumzuschnüffeln.
„Es ist ihr hier zu kalt!", stellte Renate achselzuckend fest. „Außerdem ist sie eine Hauskatze, ich schätze, so ein Siebenschläfer interessiert sie nicht. Sie fängt ja auch keine Mäuse!"
„Gut, es war ein Versuch, also doch lieber die Lebendfallen. Wir brauchen nur genug davon! Und bei den Konzerten – dann singt halt lauter und ignoriert die Geräusche!" Der Pfarrer hatte gut reden, ärgerte sich Margret insgeheim.
„Nein, eine schnelle Lösung bis Sonntag gibt es nicht!", er-

klärte sie Martin und rang um Fassung. „Siebenschläfer beißen nicht, sie springen dich nicht an und sie tun dir überhaupt nichts. Und glaub mir, deine Orgel mögen sie auch nicht fressen!“ Auch wenn sie bei der Orgel nicht die Hand ins Feuer gelegt hätte, sie musste Martin irgendwie beruhigen.
Die anstehenden Konzerte brachte der gesamte Kirchenchor mit großer Begeisterung und vollem Stimmeinsatz über die Bühne. Da es in einer vollbesetzten Kirche ohnehin etwas unruhig zuging, fiel der Siebenschläfer den Besuchern gar nicht auf. Dafür ging er dem Pfarrer tatsächlich einen Tag vor Weihnachten in die Falle! Endlich! Pfarrer Steiner präsentierte am Vorabend des Weihnachtstages Margret, Ludwig und Herbert ein putziges kleines Tierchen, das in der Tat große Ähnlichkeit mit einer Maus aufwies.
„Nur der Schwanz erinnert mich an ein Eichhörnchen!“, stellte Ludwig fest. Der kleine Nager sah total verschüchtert aus. „Armes Hascherl, der Kleine muss ja Angst gehabt haben, in der großen Kirche so ganz allein!“
„Ich habe diesen Dr. Steiner angerufen, er will heute Abend noch zurückrufen und mir Tipps für die Überwinterung geben!“, verkündete Pfarrer Steiner stolz. „Er wird bei mir im Pfarrhaus bleiben, vielleicht im Keller oder auf dem Dachboden, je nachdem, was mir der Experte empfiehlt, und dort überwintern. Und wenn die Zeit reif ist, werden wir ihn auswildern!“
Damit waren alle zufrieden, als Margret das vor dem Weihnachtskonzert am nächsten Tag verkündete. Martin, weil seine Orgel vor dem Nager nun sicher war, und Bettina auch, weil sie selbst unter Berücksichtigung strengster Tierschutzrichtlinien auch keinen anderen Ausweg sah.
„Dann hat St. Marien zumindest bis zum Frühjahr noch eine

Attraktion mehr!“, brummte Herbert. „Einen gemeindeeigenen Siebenschläfer! Schade, dass sich daraus kein Kapital schlagen lässt!“
„Oh, das ließe sich!“, mischte sich Mara-Sophie ein. „Wir können eine Web-Cam installieren und über eine Internetseite kann dann jeder, der mag, dem Siebenschläfer beim Winterschlaf zusehen!“
Da blieb selbst Herbert der Mund offen stehen, wie Margret fröhlich registrierte. Und als der Pfarrer diesen Vorschlag sogar ernsthaft in Erwägung zog, protestierte er nicht einmal.
„Dann muss mein Enkel mir eben zeigen, wie das geht!“, brummte er nur auf seine typische Art. Das war schon fast ein Weihnachtswunder, lächelte Margret in sich hinein. Herbert und die moderne Technik hatten sich versöhnt – dank des Siebenschläfers von St. Marien.

Wie auch die Katz' zur Krippe kam

Lotte entdeckte den Besucher als Erste, noch bevor Onkel Gerolf klingeln konnte. Mit einem Fauchen sauste sie zur Tür und als Annabelle öffnete, gab es für Lotte kein Halten mehr. Sie duckte sich, als gelte es, einen feindlichen Angriff abzuwehren, ihre Barthaare vibrierten und sie fauchte aus Leibeskräften.
„Hey, Lotte, was soll denn das?“, versuchte Annabelle ihre Katze zurückzuhalten. Doch Lotte beschloss, nicht auf ihr Frauchen zu hören und stattdessen die Krallen auszufahren. Als Annabelle aufblickte, sah sie auch den Grund dafür: ein jaulendes Etwas auf dem Arm ihres Onkels.
„Ha, Lotte mag wohl keine Hunde!“, lachte er. „Schau mal, wen ich mitgebracht habe! Darf ich vorstellen: Das ist Bobo!“
Annabelle hatte Mühe, sich das Lachen zu verkneifen. Inzwischen waren ihre Eltern auch zur Tür gekommen und versuchten gemeinsam, die aufgebrachte Lotte zu beruhigen.
„Autsch, verflixt Lotte, hör auf mich zu kratzen!“, schimpfte Markus, Annabelles Vater, und zu Gerolf sagte er: „Schön, Bruderherz, dass du auch schon kommst! Wir haben mit dem Kaffee nicht gewartet, er wäre sonst kalt geworden! Was hast du denn da?“
Er zeigte auf den Bobo genannten Welpen.
„Bobo ist mein neuer Hund!“, erklärte Onkel Gerolf stolz. „Zwölf Wochen alt und wenn er groß ist – ja, mein Schatz, leck ruhig meinen Daumen –, dann wird er mal ein richtiger Schäferhund!“

„Wie heißt der?", fragte aus dem Wohnzimmer heraus Konstantin. Lottes Gezeter interessierte ihn nicht weiter, das neue Videospiel, das ihm seine Patentante schon vorab zu Weihnachten geschickt hatte, war eindeutig spannender.
„Bobo!", rief Onkel Gerolf Richtung Wohnzimmer. Der Welpe spitzte die Ohren, offenbar, resümierte Annabelle, kannte er seinen Namen schon.
„Klingt wie ein Papagei!", rief Konstantin zurück. Annabelle musste lachen. Der Gedanke war ihr auch schon gekommen.
„Na ja, über Namen lässt sich nicht streiten!", versuchte Dorothea, Annabells und Konstantins Mama, die Sache zu beenden. „Und du, Schatz, beruhige um Himmels Willen deine Katze!", sagte sie Richtung Annabelle.
„Lottchen, nun ist aber gut!", sagte Annabelle streng zu Lotte, die daraufhin zwar das Fauchen einstellte, aber immer noch die Krallen ausgefahren hatte. „Komm schon, das ist noch ein kleiner Hund, der tut dir nichts!", redete sie weiter auf die braun-weiße Katze ein. Ihr plüschiges Fell stand ihr zu Berge und Annabelle musste sich bemühen, auch wirklich ernst zu bleiben. Wenn Lotti sich aufregte, sah das wirklich zu putzig aus. Dabei war sie sonst eher eine der gemütlichen Art. Gar nicht so, wie man Katzen immer nachsagte, eigensinnig und unerziehbar. Lotti war, fand Annabelle, ziemlich gut erzogen, total verschmust und hörte meist aufs Wort. Aber eben nicht immer, und kaum hatte Onkel Gerolf seinen Bobo auf dem Boden abgesetzt, ging es munter weiter. Lotte machte einen Katzenbuckel und fauchte Bobo an, der schnurstracks hinter seinem Herrchen in Deckung ging.
„Okay, ein bisschen feige ist er aber schon!", feixte Annabelle. „Und das will mal ein Schäferhund werden?"
„Er ist noch ein Babyhund!", verteidigte Onkel Gerolf seinen

kleinen Hund. „Und Lotte ist wirklich ausgesprochen ungezogen heute! Hörst du, Lotte! Das ist nicht nett, du bist die Ältere von euch, du solltest vernünftig sein! Nimm Rücksicht auf den kleinen Bobo!"
Annabelle glaubte sich verhört zu haben. Wie redete ihr Onkel denn mit Lotte?
„Ähm, Onkel Gerolf, Lotte ist eine Katze!", erinnerte sie ihn. „Und Hunde und Katzen mögen sich nicht besonders, das hast du doch sicher schon mal gehört!"
„Ja, das hat er sicher, Schatz, bring Lotte trotzdem irgendwie weg, das wird mir hier jetzt zu bunt. Du bist doch auch kein Kleinkind mehr! Außerdem behandelt man so keine Gäste!", verlangte Dorothea nun von ihrer Tochter. Annabelle verdrehte die Augen. Sie war vierzehn Jahre alt und fühlte sich eigentlich schon sehr erwachsen. Ihrer Mutter fiel das jedoch immer nur dann auf, wenn es ihr in den Kram passte. Sie beschloss trotzdem, lieber nichts zu sagen, immerhin wollten sie nachher noch alle auf den Weihnachtsmarkt gehen und bis sie heimkamen, hatte Lotte sich sicher beruhigt. Doch vorerst lotste Markus die ganze Familie erst einmal ins Wohnzimmer. „Ich habe doch extra Punsch gemacht!", sagte er und schenkte fleißig aus. Lotte ließ sich natürlich nicht wegschaffen, also gab Annabelle auf. Im Wohnzimmer ließ die Katze Bobo jedoch keine Sekunde aus den Augen, und als der Welpe einen unbeholfenen Satz Richtung Sofa machte, sprang sie sofort dazwischen.
„Sie darf nicht auf das Ledersofa!", entschuldigte Annabelle ihre Katze. Konstantin lachte und hob den kleinen Bobo hoch. „Komm, du Zwerghund, ich nehme dich auf den Schoß."
Annabelle fand das höchst unfair. Am liebsten hätte sie ihre Katze nun auch auf den Schoß genommen, aber sie beherrsch-

te sich. Im Gegensatz zu ihrem kleinen Bruder, der im Frühjahr erst zehn wurde, war sie viel vernünftiger. Der Preis, wenn man erwachsen wurde, dachte sie ärgerlich. Lotte zeigte ihre Verärgerung deutlicher. Mit einem gezielten Tatzenhieb Richtung Tischkante sorgte sie für wackelnde Punschgläser.

„Lotte, jetzt reicht's aber!“, schimpfte Markus. „Verzieh dich doch auf deinen Katzenbaum! Von dort aus siehst du auch viel besser! Und den hast du ganz für dich alleine!“

Lotte tat beleidigt und drehte dann ab. Ihre Umgebung keines Blickes würdigend stolzierte sie aus dem Zimmer, hocherhobenen Schwanzes versteht sich.

„Die kriegt sich wieder ein!“, meinte Konstantin und kraulte Bobo. „Der ist echt süß!“, stellte er fest. Der kleine Hund hechelte ihn freundlich an, was Konstantin als Aufforderung zu noch mehr Kraulen verstand. Dann wurde Bobo herumgereicht. Erst zu Markus, dann zu Dorothea, die den Hund zuckersüß fanden. Als ihre Mutter ihr Bobo reichen wollte, winkte Annabelle ab.

„Lass mal, sonst kratzt mir Lotte nachher noch die Augen aus!“, sagte sie. In Wahrheit wollte sie den Hund aber gar nicht süß finden. Sie war Lottes Frauchen, und Lotte mochte keine Hunde. Also mochte Annabelle ebenfalls keine Hunde.

Als sie eine halbe Stunde später Richtung Weihnachtsmarkt aufbrachen, sah sich Onkel Gerolf suchend um.

„Was ist?“, fragte Markus. „Hast du die Hundeleine verlegt?“

„Nein, ich überlege nur, wo wir Bobo solange hinlegen können!“, sagte er und schaute sich weiter um. Sein Blick blieb an dem Katzenkörbchen im Flur hängen.

„Auf keinen Fall!“, protestierte Annabelle. „Das ist Lottes Platz!“

„Ach was, die hat sich verzogen, wenn wir Bobos Decke reinlegen, merkt sie es gar nicht!", legte Markus fest.
„Aber sag mal, warum soll er denn nicht mit?"
„Er mag es nicht, wenn so viele Leute um ihn herum sind!", erklärte Onkel Gerolf seinem Bruder.
Annabelle schluckte eine freche Bemerkung runter und sah ihrer Mutter deutlich an, wie es in ihr arbeitete.
„Ich würde ihn aber nur ungern hier allein lassen. Wer weiß, was er in einer fremden Umgebung anstellt!", erklärte sie dann ihrem Schwager.
„Und wer weiß, was passiert, wenn Lotte auftaucht!", ergänzte Annabelle.
Doch Onkel Gerolf wiegelte ab. „Lotte macht sicher einen langen Spaziergang oder ist noch beleidigt. Außerdem verstehen die beiden sich sicher prächtig, wenn sie allein sind. Und glaub mir, mein Bobo stellt garantiert nichts an! Darauf könnt ihr euch verlassen. Ich lege seine Decke einfach vor das Körbchen, dann passiert auch nichts, wenn Lotte kommt. Er bleibt da sitzen, ganz bestimmt!"
Annabelle sah ihrer Mutter deutlich an, dass es ihr nicht recht war, aber Dorothea gab sich geschlagen. Und als sie alle das Haus verließen, lag Bobo friedlich auf seiner Decke, legte den Kopf auf die Pfoten und schaute ihnen winselnd nach. Irgendwie tat er Annabelle schon ein bisschen leid. Bald darauf schlenderten sie alle fünf gemütlich Richtung Weihnachtsmarkt. Der Weg war nicht besonders lang und die winterliche Altstadt, so im Halbdunkel gelegen, war mit den schneebedeckten Dächern und weiß angehauchten Bäumen ein wirklich wunderschöner Anblick. Der kleine Weihnachtsmarkt befand sich in der Nähe der alten Barockkirche, vor der ein wundervoll geschmückter, riesiger Weihnachtsbaum aufge-

stellt war. Dorothea hatte sich bei ihrem Mann untergehakt und Konstantin traktierte seinen Onkel mit Schneebällen. Annabelle ließ sich etwas zurückfallen und warf einen Blick in die Auslagen der Geschäfte, an denen sie vorbeikamen. Dabei überlegte sie angestrengt, was sie für ihre Mutter besorgen konnte. Für ihren Vater hatte sie bereits vor ein paar Wochen eine Filztasche für sein iPad gekauft und sie selbst bestickt. Ihren Bruder konnte sie recht leicht mit einem Computerspiel zufriedenstellen und dank Oma und Opa war auch das schon gekauft und eingepackt. Für ihre Großeltern hatte sie sich wirklich besondere Mühe gegeben, schließlich wusste sie, dass diese nicht nur fast alles hatten oder sich selbst kaufen konnten, sondern auch, dass sie es besonders schätzten, von ihrer einzigen Enkeltochter etwas Selbstgemachtes zu bekommen. Dass Annabelle eigentlich schon etwas zu alt dafür war, übersahen sie gelegentlich oder ignorierten es schlichtweg, da war sich Annabelle selbst nicht so sicher. Auf jeden Fall hatte sie ihnen einen Kalender gebastelt, mit Fotos der Familie und sogar noch einen Bilderrahmen getöpfert. Der sah wirklich besonders aus, denn er war Annabelles erster und einziger Versuch im Töpfern. In den Rahmen hatte sie ein besonders schönes Familienfoto gesteckt, das mittels Selbstauslöser von Onkel Gerolfs damals nagelneuer Kamera beim letzten Grillfest im Sommer entstanden war. Alle waren drauf, sogar Lotti saß auf Omas Schoß und blickte freundlich in die Linse. Ein tolles Foto, das sie, weil es so schön war, auch gleich für ihre Eltern und Onkel Gerolf hatte ausdrucken lassen, nur dass diese sich mit einem gekauften Rahmen begnügen mussten. Onkel Gerolf, so entschied sie spontan, würde sie ein Buch über Hundeerziehung kaufen, so was gab es bestimmt und brauchen konnte er es dringend. Nur womit sie ihre Mutter beglücken konnte, war

ihr noch nicht ganz klar. Etwas für den Haushalt war keine gute Idee, Konstantin hatte in seinem komischen Handarbeitskurs, für den er sich völlig unverständlicherweise auch noch freiwillig gemeldet hatte, etwas gehäkelt, was er als Topflappen bezeichnete. Damit wollte sie lieber nicht konkurrieren. Von Papa bekam sie sicher wieder Schmuck und Oma und Opa schenkten ihren Eltern ohnehin meist Geld oder Karten für irgendwas. Letztes Jahr hatte Annabelle ihrer Mutter einen Gutschein für Hilfe im Garten geschenkt – und gemerkt, dass das nicht so besonders gut angekommen war. Deshalb musste das diesjährige Geschenk deutlich besser ausfallen. Sie waren am Weihnachtsmarkt angekommen und Annabelle hoffte dringend auf irgendeine Inspiration. Als sich Dorothea einem Stand mit kleinen Glasfiguren näherte, warf Markus seiner Tochter einen eindeutigen Blick zu. „Da hat sie gestern schon mal lange geguckt!", raunte er. „Ich glaube, ihr gefallen die Engel. Oder vielleicht auch die Vasen dahinter, geh am besten mal hin!"
Annabelle nutzte ihre Chance und versuchte Dorotheas Blick so gut es ging zu folgen.
„Ähm, die Vasen würden sich sicher gut im Regal machen!", sagte sie.
Dorothea schüttelte den Kopf. „Nein, so was hab ich letztes Jahr gekauft und nie benutzt. Irgendwie kippen die so schnell um, weil sie so leicht sind!"
„Mundgeblasen!", versicherte der Verkäufer und Annabelle erkannte, dass die Aufmerksamkeit ihrer Mutter offenbar wirklich den drei kleinen Engelfigürchen galt. Schnell gab sie ihrem Vater ein Zeichen und Markus lief wirklich zur Hochform auf; er zerrte seine Frau praktisch an den nächsten Stand, wo es Mützen und Schals zu kaufen gab, redete auf sie ein und nötigte sie, einen Hut zu probieren.

„Ich möchte die drei kleinen Engel!“, sagte Annabelle zu dem Verkäufer und versicherte sich, dass ihre Mutter auch wirklich nichts mitbekam. Der Verkäufer erfasste die Situation sofort.
„Gute Entscheidung, junge Dame!“, sagte er. „Es sind Einzelstücke. Handgefertigt und mit viel Liebe bemalt. Daran wird Ihre Mutter noch lange Freude haben!“
Erst jetzt fiel Annabelle auf, dass sie gar nicht nach dem Preis gefragt hatte. Aber der Verkäufer schätzte sie wohl richtig ein und verlangte nur fünfundzwanzig statt dreißig Euro für alle drei. „Passt das?“, fragte er sogar. Annabelle nickte.
Zum Glück waren die Engel nicht so groß und gut verpackt, sodass Annabelle alles in der Innentasche ihrer dicken Daunenjacke verstauen konnte. Der Verkäufer legte sogar noch eine große Glasmurmel obendrauf. Unkaputtbar, wie er ihr versicherte. Annabelle beschloss, dass die das perfekte Geschenk für Lotte war. Somit hatte sie nun wirklich alle Weihnachtsgeschenke beisammen und konnte sich fröhlich dem kandierten Apfel widmen, den Onkel Gerolf ihr unter die Nase hielt.
Während sich die Erwachsenen einen Glühwein gönnten, bekamen Konstantin und seine Schwester erst gebrannte Mandeln spendiert, später noch einen heißen Kakao. Es war inzwischen schon richtig dunkel geworden und der Weihnachtsmarkt war gut gefüllt. Die Beleuchtung des Weihnachtsbaumes strahlte die dahinterliegende Kirche sanft an, ein heimeliger Anblick. Sie schlenderten von einem Stand zum nächsten.
„Schade, dass du schon so groß bist!“, sagte Dorothea und legte ihren Arm liebevoll um Konstantin. Sie stand vor einer kleinen Bude mit Holzspielzeug und schaute verzückt auf einen kleine bunte Eisenbahn, die fröhlich pfeifend ihre Kreise drehte.
„Ja, Mama, das brauche ich echt nicht mehr!“, stellte Konstantin fest. „Aber hübsch ist sie trotzdem!“

Annabelle musste grinsen. Wenn es drauf ankam, war ihr Bruder wirklich ein kleiner Schelm, der genau wusste, wie er Mama um den Finger wickeln konnte. So richtig schön in Weihnachtsstimmung konnte sie ihm später auch die kleine LED-Taschenlampe mit Farbwechsel nicht abschlagen, die er unbedingt haben wollte.

Markus begann nun, sich nach einer Kleinigkeit für Annabelle umzusehen, doch die winkte ab.

„Ich bin doch schon groß, Papa, ich brauche nicht mehr jeden Kram! Und ein Geschenk für Mama hab ich jetzt auch. Sogar eine Riesenglasmurmel für Lotti. Hoffentlich hat die sich wieder eingekriegt!"

„Bestimmt!", versicherte Markus seiner Tochter. „Ich ahne ja Schlimmes! Stell dir vor, was passiert, wenn Lotte vor uns heimkommt und Bobo vor ihrem Katzenkörbchen entdeckt!"

Plötzlich stockte er.

„Was ist?", fragte Annabelle.

„Mist! Ich glaube, ich habe vergessen, die Wohnzimmertür zuzumachen! Stell dir vor, die beiden fangen tatsächlich an, sich kreuz und quer durchs Haus zu jagen! Die ganzen Gläser stehen noch auf dem Tisch! Oha, das gibt Ärger!"

„Ärger?", fragte Annabelle und schnappte nach Luft. „Papa! Glassplitter sind für Lotti echt gefährlich! Sie kann sich verletzten! Am liebsten würde ich sofort heimgehen und nachsehen!"

„Was ist?", fragte Dorothea, die unbemerkt hinter Vater und Tochter getreten war, während Onkel Gerolf mit Konstantin weiter die umliegenden Stände erkundete.

„Papa befürchtet, die Wohnzimmertür aufgelassen zu haben!", konnte Annabelle nicht an sich halten. „Was, wenn Lotti heimkommt und sich mit dem blöden Bobo zofft? Dann verletzt sie sich und verblutet vielleicht sogar!"

In Dorotheas Gesicht arbeitete es sichtlich. „Du bist sicher, dass du die Tür nicht zugemacht hast?“, fragte sie dann Markus. Der zuckte bloß die Schultern. „Ich bin nicht sicher. Ich denke ja, ich habe sie zugemacht!“
Annabelle sah ihren Vater zweifelnd an, ihre Mutter ebenfalls. „Na ja, ich bin eben nicht sicher. Vielleicht habe ich sie ja wenigstens angelehnt!“, ruderte er zurück und sagte dann zu Dorothea: „Du konntest diese Bowleschüssel doch noch nie leiden! Wenn sie hinüber ist, dann kaufen wir eine neue! Und das Ledersofa können wir abwischen, notfalls mit Fleckenentferner! Mach dir keine Gedanken!“
„Und was ist mit Lotte?“, fragte Annabelle aufgebracht. „Wenn die sich verletzt …“
„Schaut mal, dort drüben!“, rief plötzlich Onkel Gerolf und zeigte Richtung Krippe, die sich in der Mitte des Weihnachtsmarktes befand und um die herum sich eine große Menschentraube gebildet hatte. „Die haben wohl echte Tiere dieses Jahr! Los, lasst uns dort mal gucken!“
Markus war froh, dass sein Bruder für Ablenkung sorgte und zog Frau und Tochter schnell mit sich. „Es wird schon nichts passiert sein!“, versuchte er Annabelle zu beruhigen. „Vielleicht habe ich die Tür ja auch zugemacht. Dann jagen sie sich nur kreuz und quer durch den Flur. Mach dir jetzt nicht zu viele Gedanken!“
Die machte sich Annabelle aber doch. Lotte war ihr Ein und Alles. Und ein solches Theater wie heute veranstaltete sie auch nur höchst selten, eigentlich nur, wenn ein Hund in ihre Nähe kam. Was musste Onkel Gerolf auch seinen Welpen mit dem albernen Papageiennamen mitbringen! Der wusste doch eigentlich ganz genau, dass Lotte mit Hunden auf Kriegsfuß stand.

„Hey, dein Onkel hat bestimmt gedacht, dass Lotte diesen Zwerg gar nicht als Hund erkennt!", versuchte nun auch ihre Mutter sie zu beruhigen. Sie kannte Annabelle und sah ihr offenbar an der Nasenspitze an, was in ihrem Kopf vorging.
„Ja, manchmal kann ich wirklich Gedankenlesen!", lächelte sie Annabelle an. „Zumindest wenn sie dir so deutlich ins Gesicht geschrieben stehen wie jetzt gerade. Aber Gerolf hat deinen bösen Blick nicht mitgekriegt, der drängelt sich mit Konstantin zur Krippe vor. Da sollen wohl wirklich echte Tiere drin liegen!"
Während Annabelle ihrem Onkel und Bruder zusah, wie sie sich durch die Menschentraube nach vorn schoben, versuchte sie selbst es an der Seite. Noch konnte sie gar nichts erkennen, nicht mal die Krippe, schon gar keine Tiere. Plötzlich hörte sie Konstantin aufquietschen, dann preschte er durch die Menschenmassen zurück zu seinen Eltern. Mit offenem Mund und sichtlich aufgeregt. Da Annabelle an der Seite nicht weiterkam, schob sie sich ebenfalls zurück. Onkel Gerolf kam nun langsam auch hinter Konstantin her, entschuldigte sich links und rechts und stieß dann fast zeitgleich mit Annabelle zu den anderen.
„Wirklich Mama, das ist Lotte!", hörte Annabelle ihren Bruder, der sofort von seiner Mutter mit einer Handbewegung zum Schweigen gebracht wurde. Sie zerrte ihn ein Stückchen zur Seite, Annabelle, ihr Vater und Onkel Gerolf folgten ihnen.
„So, nun noch mal langsam und um Himmels Willen leise! Was sagst du, Lotte liegt dort drin?"
Konstantin nickte aufgeregt und Onkel Gerolf nickte bestätigend. „Ja, eure Lotte liegt kuschelig zusammengerollt in der Krippe, zu Füßen des kleinen Jesuskindes, echt süß, wenn ihr mich fragt!", kicherte er.

Konstantin warf ihm einen bösen Blick zu, während Annabelle noch hoffte, sich verhört zu haben.
„Unsere Lotte?“, hakte Markus sicherheitshalber nach.
Gerolf nickte vergnügt. „Ja, Bruderherz, eure Katze! Hey, ist doch nicht so schlimm! Schau mal, sie wird von allen bewundert!“
„Eine Katze in der Krippe, ich fass es nicht!“, murmelte Dorothea entsetzt. „Und dann ist es auch noch ausgerechnet unsere! Wie peinlich! Siehst du da drüben? Das ist unser Pfarrer! Glaubst du, der findet das lustig?“
„Das ist ein Weihnachtsmarkt, keine Kirche!“, versuchte Markus seine Frau zu beruhigen.
„Schön!“, sagte Dorothea und atmete tief durch. „Dann geh du doch und hol sie da raus!“
„Ich? Nein, auf keinen Fall! So sauer wie die vorhin war, kratzt sie mir vielleicht die Augen aus!“, protestierte Markus prompt.
„Wir könnten sie rauslocken!“, schlug Konstantin vor. „Wir holen da drüben an dem Stand so ein Stück Fisch und locken sie raus!“
„Oh nein, das ist peinlich, so vor allen Leuten!“, stellte Annabelle fest.
„Ach, Quatsch!“, lachte Gerolf. „Die meisten finden das total süß! Los, wir versuchen noch mal, nach vorn zu kommen!“
„Und die anderen?“, fauchte Dorothea, „Wie finden die das denn? Süß bestimmt nicht!“
„Ach was, es gibt immer ein paar Leute, die das absolut unmöglich finden! Aber Lotte könnte ja auch eine freilebende Katze sein, die einfach nur ein gemütliches Plätzchen zum Schlafen gesucht hat!“
„Ja, vielleicht war sie schon daheim und hat Bobo vor ihrem Körbchen entdeckt!“, brummte Annabelle. Die Vorstellung, dass ausgerechnet ihre Katze sie nun vor so ein Problem stell-

te, ärgerte sie. Und das alles wegen Onkel Gerolf und seinem unmöglichen Hund.
„Warum hast du deinen Welpen eigentlich nicht bei dir zu Hause gelassen?", ärgerte sich nun auch Dorothea.
„Er bleibt halt nicht gern allein!", lautete die wenig beruhigende Antwort. Zumindest Markus Gesicht zog sich unweigerlich zusammen. Bestimmt, überlegte Annabelle, dachte er wieder an die offene Wohnzimmertür. Aber so ein Zwerg wie Bobo konnte allein vermutlich nicht mal die Bodenvase umhauen, ohne davon selbst erschlagen zu werden. Nach dem Tag heute würde sie Lotti ohnehin lieber bei sich im Zimmer lassen wollen. Nicht, dass sie sich noch einmal wegschlich. Beleidigte Katzen waren aber auch wirklich unberechenbar.
„Vielleicht ist es auch gar nicht Lotte!", sagte nun Markus. „Vielleicht habt ihr euch ja auch verguckt!"
Konstantin schüttelte den Kopf. „Ich kenn doch Lotte, Papa!", protestierte er. „Das ist sie, garantiert!"
„Hallo, Frau Bauermann! Haben Sie schon gesehen, dort vorn in der Krippe liegt eine Katze!" Annabelle erkannte in der älteren, eingemummelten Dame, die gerade ihre Mutter angesprochen hatte, ihre Nachbarin Frau Hellwig. „Die sieht fast aus wie Ihre Lotte!"
„Ehrlich?", reagierte Onkel Gerolf schlagfertig. „Kommt, das sollten wir uns unbedingt mal ansehen! Danke für den Tipp!"
Frau Hellwig winkte ihnen fröhlich zu und hakte sich wieder bei ihrem Mann unter.
„Super, jetzt wissen es auch schon die Nachbarn!", ärgerte sich Dorothea.
„Wenn es ohnehin schon alle wissen, dann könnt ihr sie genauso gut einfach rufen. Annabelle, steig doch einfach über die Absperrung und nimm sie auf den Arm!"

„Ich?“, fragte Annabelle entsetzt.
„Ja du!“, sagte Dorothea. Sie war immer noch höchst ärgerlich. „Es ist schließlich deine Katze!“
„Ja, aber wenn Onkel Gerolf seinen Bobo zu Hause gelassen hätte, wäre Lotti nie rausgegangen!“
„Kommt, beruhigt euch wieder!“, versuchte Markus die Situation zu entspannen. „Wir schauen erst mal nach. Und wenn es Lotte ist, dann können wir es ohnehin nicht ändern!“
Annabelle und Konstantin versuchten über die Seite nach vorn zu gelangen, während sich die Erwachsenen von der Menge treiben ließen. Die ganz vorn standen, hatten irgendwann genug und gingen wieder und machten so Platz für die nächsten Neugierigen.
„So viel Zuspruch hatte unsere Krippe noch nie!“, hörte Annabelle neben sich den Pfarrer sagen. „Was so ein lebendes Tierchen ausmacht! Ob die arme Katze auch ein Zuhause hat?“
Am liebsten hätte Annabelle ihm gesagt, dass Lotte wirklich keine arme Katze war, nur eine höchst beleidigte. Immerhin, offenbar war der Pfarrer alles andere als sauer, das war doch schon mal was.
„Siehst du, das ist Lotte!“, flüsterte ihr Konstantin zu, als sie endlich die Krippe sehen konnten. Annabelle reichte ein Blick. Nein, da gab es keinen Zweifel, das war Lotte. Und sie schlief keineswegs, wie sie am Zucken der Augen erkannte. Außerdem, stellte Annabelle fest, hatte ihr frecher Stubentiger seine Ohren gespitzt! Annabelle schaute sich um und sah, dass ihre Eltern nun auf der anderen Seite der Krippe standen. Und der Gesichtsausdruck ihrer Mutter verhieß nichts Gutes.
„Die gibt Lotte bestimmt Hausarrest bis zum Frühjahr!“, kicherte Konstantin. Zum Glück leise. Annabelle sah, wie ihr Vater auf ihre Mutter einredete. Annabelle konnte ihre Mama

sogar verstehen. Sie lebten in einer Kleinstadt, hier kannte jeder jeden und ihre Mama war in der Gemeinde sehr aktiv. Sie schämte sich für Lotte. Annabelle drängelte sich zu ihren Eltern durch und hörte Onkel Gerolf sagen: „Mein Gott, nun mach doch nicht so einen Aufstand! Das ist eine Katze, wenngleich eine ziemlich freche!"
„Ich warte hier!", versicherte Annabelle ihrer Mutter. „Vielleicht kann ich Lotte ja unauffällig rauslocken. Ihr könnt ruhig nach Hause gehen!"
Onkel Gerolf schüttelte den Kopf. „Das ist doch alles Blödsinn, Kinder!", sagte er und ging plötzlich auf die Absperrung zu. „Entschuldigung!", sagte er zu einem älteren Herren, der den Platz in der vordersten Reihe gar nicht mehr freigeben wollte. „Ich will nur mal unsere Katze da rausholen, ehe sich noch jemand daran stört!"
Nun hatte er die Aufmerksamkeit fast aller auf sich gezogen und Dorothea drehte sich schnell weg. Annabelle blieb wie festgewachsen stehen. Nun kam auch noch der Pfarrer dazu und half Onkel Gerolf, die Verankerung der Absperrkette zu lösen.
„Sie sollten Eintritt verlangen!", schlug Onkel Gerolf scherzhaft vor. Beide lachten. Dann ging er tatsächlich auf die Krippe zu und hob die natürlich nicht schlafende Lotte an.
„Oh, bitte, kratz ihn jetzt nicht!", flehte Annabelle.
Doch Lottchen schien sich beruhigt zu haben. Sie ließ sich widerstandslos von Onkel Gerolf, auf den Arm nehmen. Dort kuschelte sie sich schnurrend an ihn, ganz so, als wären sie schon immer die allerbesten Freunde gewesen.
Dorothea und Markus waren vorgegangen und hatten Konstantin mitgenommen, Annabelle wartete auf ihren Onkel. Niemand stellte sich ihm in den Weg, aber viele wollten noch einen letzten Blick auf Lotte werfen.

„Ach, was ist die süß!“, hörte sie eine Frau sagen.
„Ja, die ist Ihnen wohl ausgebüxt!“, mischte sich nun eine andere ein. Alle lachten.
Als sie außer Sichtweite des Weihnachtsmarktes waren, schnurrte Lotte nicht mehr.
„Hier, nimm du sie lieber!“, sagte Onkel Gerolf und drückte Annabelle ihre Katze in den Arm. „Lottchen! Was machst du denn für Sachen! Du blamierst uns doch alle!“, tadelte Annabelle ihre Katze und drückte sie gleichzeitig ganz fest an sich.
„Ach was, keiner war sauer!“, beruhigte Gerolf derweilen seine Schwägerin. „Du wirst sehen! Wer auch immer Lotte erkannt hat, wird dir höchstens sagen, wie niedlich das aussah! Leider haben ich nicht einmal dran gedacht, ein Foto zu machen!“
„Der Pfarrer hat eins gemacht!“, mischte sich nun Konstantin ein. „Ich kann ihn ja fragen, ob wir eins haben können!“
„Immerhin müssen wir uns jetzt keine Sorgen mehr um sie machen!“, stellte Markus mit sichtlicher Erleichterung fest. Sein Bruder schaute ihn irritiert an.
„Na ja, ich habe vermutlich die Wohnzimmertür nicht zugemacht und wir hatten schon Angst, dass Lotti mit Bobo Fangen spielt und es dabei Scherben gibt! Aber nun, wo klar ist, dass Lotti gar nicht daheim war, können wir alle aufatmen, nicht wahr, Schatz!“
Dorothea nickte und hakte sich nun bei ihrem Schwager ein. „Danke, dass du sie geholt hast.“
„Ja, du bist ein richtiger Held!“, stellte Konstantin fest. „Du hast dich getraut, Lotte da rauszuholen, Papa und Mama nicht! Nicht mal Annabelle! Du bist toll, Onkel Gerolf!“
Der so Gelobte strahlte. „Na, dafür hat man doch einen Onkel, oder?“, lachte er.

Fröhlich und in bester Laune machten sie sich auf den Heimweg. Doch als sie die Haustür aufmachten, begann Lotte sofort zu fauchen.
„Nein, nicht schon wieder!", sagte Annabelle streng. „Ich bringe sie sofort hoch und sperre sie in mein Zimmer, ehe es wirklich noch Schäden gibt!"
„Ach, lass mal, das macht nun auch nichts mehr!", hörte sie ihre Mutter sagen, die bereits im Flur stand. „Das darf doch nicht wahr sein! Wie kann ein so kleiner Hund so ein Durcheinander veranstalten! In weniger als drei Stunden!"
Winselnd kam ihnen nun Bobo entgegengeschlichen und wurde sofort von Onkel Gerolf auf den Arm genommen. Annabelle mühte sich indes mit der strampelnden Lotti herum. Als es ihr zu viel wurde, ließ sie Lotti einfach runter – und sah sich selbst die Bescherung an: Die Bodenvase war umgefallen, direkt auf Lottis Körbchen, das diese gerade inspizierte. Und, ihr Vater hatte tatsächlich die Wohnzimmertür offen stehen lassen, denn dort hatte es den Gummibaum erwischt, der auf einem kleinen Tischchen stand, auf einer ehemals weißen, bodenlangen Decke. Auf dem Esstisch war zum Glück alles heil geblieben. Dafür zeigte die beigefarbene Ledercouch deutliche Abdrücke von Tierpfoten mit Erde vermischt.
„Oh, das tut mir echt leid!", erklärte Onkel Gerolf reumütig. „Das hätte ich wirklich nicht gedacht!"
„Na ja", sagte Dorothea bissig. „Du hast zumindest Recht, er bleibt nicht gern allein!"
„Ach was!", sagte Konstantin und schleppte schon den Staubsauger heran. „Bobo ist ein Hund, der weiß es nicht besser! Lotte hat das noch nie gemacht, aber die ist auch eine Katze!"
„Ja, und legt sich höchstens an unpassender Stelle zum Schlafen!", grinste Markus. Und zu seinem Bruder sagte er: „Da

hast du doch deine Geschenkidee für meine Frau – einen neuen Gummibaum. Und vielleicht noch eine hübsche Tischdecke!“

Und so hatte dieser Tag für alle etwas Gutes, wie Annabelle fand. Alle hatten nun ihre Geschenkideen beisammen und Lotte war auch nichts passiert. Und wer weiß, vielleicht würde sich Lotte mit Bobo tatsächlich irgendwann doch noch anfreunden.

Ein Weihnachtswunder für Alexander

Der alte Kartoffelsack war schwerer, als er aussah. Er hätte ihn nicht abstellen und eine Pause machen dürfen. Alexander keuchte, als er ihn über die marode Futterkrippe hievte und ausleerte. Die Glocken der Kirche riefen zur Christvesper, es war Heiligabend. Und es war kalt. Zwar lag kein Schnee, aber Alexander konnte seinen Atem sehen und die eisige Luft hatte die Zweige unter seinen Füßen knochenhart werden lassen. Sie knackten bei jeder Bewegung. Er hatte sich einfach davongemacht, ungesehen natürlich, denn er hatte keine Lust auf die Weihnachtslieder, in der nur an Heiligabend übervollen Dorfkirche und den Fußmarsch in den Ort, zumal sie wegen des Kinderwagens auch nur recht langsam vorankommen würden. Es gab keine befestigen Fußwege, nur Platten, an denen sich die Reifen immer wieder verfingen. Die Kleine würde bei dem Gerumpel sicher aufwachen und schreien. Alles wenig festlich, deshalb hatte er sich weggeschlichen. Sein Plan war perfekt! Es hatte niemand gemerkt, denn alle waren mit sich, dem Baby und dem Anziehen beschäftigt. Oder damit abzuwaschen oder die Geschenke schon mal richtig zu platzieren, damit nachher alles schneller ging.

Er hatte aus Omas Scheune etwas Heu, Obst und Gemüse, das sie als Futter für ihre Tiere eingelagert hatte, stibitzt und alles in den alten Kartoffelsack gesteckt. Den Weg zur Futterkrippe, die auf der Lichtung stand, kannte er von früher. Doch dass es so weit war, hatte er wohl vergessen. Er arrangierte das Futter so, dass die Tiere des Waldes es gut erreichen konnten, dann verzog er sich in ein nahe gelegenes Gebüsch. Früher hatte er hier mit Opa immer Rehe beobachtet. Stundenlang hatten die beiden auf der Lauer gelegen und meist wurden sie für ihre Ausdauer auch belohnt. Alexander wusste, dass er Geduld haben musste. Er hatte sich ein Sofakissen mitgenommen und hoffte, dass es Oma nicht gleich auffiel. Es war eines der älteren, das immer ganz hinten stand. Abgewetzt und ziemlich hart, wenn man sich drauflegen wollte.

„Die sind ja auch nur zur Zierde!“, erklärte Oma immer wieder, wenn jemand das bemängelte. Opa hatte das nicht gestört, der hatte es einfach solange gedrückt und zerknuddelt, bis es die gewünschte Form dann doch angenommen hatte. Doch außer Opa traute sich das keiner. Alexander seufzte leise auf. Es war ganz schön kalt, hoffentlich kamen die Rehe bald. Oder vielleicht auch ein Wildschwein. Die waren friedlicher als man immer annahm, auch das hatte er von Opa gelernt. Die Kirchenglocken verstummten, und in den Wald kehrte wieder Ruhe ein. Alexander behielt die Futterkrippe fest im Blick, auch als er es in einem Gebüsch in der Nähe knacken hörte. Die Geräusche des Waldes waren ihm vertraut, er zuckte nicht sofort zusammen, wenn ein Zweig zu Boden fiel. Das Knacken wurde stärker und Alexander ahnte es instinktiv.

„Manuel!“, fluchte er leise. „Komm da raus, du verscheuchst ja noch die Tiere!“

Das Knacken wurde stärker und der Neunjährige stolperte auf seinen Bruder zu. „Wo hast du denn deinen Schal und die Handschuhe?“, fragte Alexander streng und zog den Reißverschluss von Manuels Winterjacke nach oben. „Und wieso bist du nicht mit in die Kirche gegangen?“

„Ich wollte lieber auch die Tiere füttern!“, maulte Manuel. „Außerdem bist du ja auch nicht mitgegangen!“
„Nein, aber bei mir ist das in Ordnung. Ich bin ja älter als du!“
„Du bist siebzehn, na und?“ Manuel war sichtlich beleidigt. „Ich hatte keine Lust. Außerdem waren die anderen auch schon vorgegangen, Oma wurde von Onkel Wilhelm mit dem Auto abgeholt und da dachte ich, es fällt nicht weiter auf!“
Alexander schüttelte den Kopf und bedeutete seinem kleinen Bruder, leiser zu sein. „Es fällt auf! Wenn wir beide weg sind, dann fällt es garantiert auf! Es wäre nicht aufgefallen, wenn nur ich gefehlt hätte, mich hätte keiner vermisst!“, flüsterte er seinem Bruder zu.
„Warum? Nur weil du älter bist? Das ist unfair!“
Plötzlich knackte es erneut, die beiden Jungs spitzten die Ohren, doch sie konnte das Tier, das die Geräusche verursachte, nicht ausmachen.
„Wie lange dauert es, bis sie aus der Kirche zurückkommen?“, flüsterte Manuel. Alexander seufzte innerlich. Sein Bruder hatte einfach keine Geduld. Klar, er war eben noch zu klein für so was!
„Hast du dein Handy mitgenommen?“, fragte Manuel, als er keine Antwort bekam.
„Ja, aber es ist aus, hier gibt’s sowieso kein Netz, wir sind mitten im Wald!“, raunte Alexander ihm zu. „Und nun sei still, du verscheuchst nur die Tiere! Oder geh zurück, das schaffst du noch, wenn du dich beeilst, dann merkt keiner, dass du gar nicht mit drin warst. Los, das ist überhaupt die allerbeste Idee!“
„Aber dann sehe ich die Tiere doch nicht!“, maulte Manuel.
Alexander tat sein kleiner Bruder fast schon leid. Auch wenn es ihn nervte, dass er ihm immerzu am Hosenbein hing und sich einfach nicht abschütteln ließ, so fand er es auch irgendwie

schmeichelhaft, dass Manuel ihn zu seinem Vorbild erkoren hatte. Als etwas Besonderes sah Alexander sich keineswegs. Er war ein normaler Siebzehnjähriger, der sich mit Computern gut auskannte, aufs Gymnasium ging und viel Sport trieb. Um gute Noten zu erzielen, musste er wie alle anderen auch viel lernen. Dazu das Fußballtraining und der Karatekurs, sein Zeitplan war eng gestrickt. Sie wohnten in der Stadt, natürlich, sonst hätte er all diese Möglichkeiten ja nicht.
„Früher war ich mit Opa oft hier draußen!“, sagte er plötzlich zu Manuel. „Da sind wir am Wochenende auch noch meist hergefahren.“
Manuel brummte, vermutlich weil er sich daran nicht mehr erinnern konnte. Er war ja damals noch ein Baby gewesen. Aber Alexander erinnerte sich. Seit er ein kleiner Junge war, hatte er viele Wochenenden und Ferien bei den Großeltern verbracht, und immer war Opa mit ihm in den Wald gegangen. Er hatte ihm alle Pflanzen erklärt, mit ihm im Herbst Pilze gesammelt und ganz oft hatten sie auch die Tiere gefüttert. Weiter südlich gab es einen Hochstand, von dort aus konnte man die Tiere auch gut beobachten.
„Mir ist kalt!“, jammerte Manuel. Alexander seufzte.
„Geh zurück!“, forderte er seinen kleinen Bruder auf. „Oder weißt du den Weg nicht mehr?“ Manuel verzog das Gesicht.
„Klar, ich bin doch kein Baby mehr! Ich habe dich doch auch hier gefunden! Ich finde auch wieder zurück!“
„Du bist mir nachgelaufen!“, stellte Alexander klar. Nein, so wurde das nichts mit den Tieren. Manuel redete einfach zu laut. Und überhaupt hatte er von Opa gelernt, dass man am besten ganz den Mund hielt.
„Also, du gehst da rüber!“, Alexander drehte Manuels Kopf nach links und zeigte auf den schmalen Pfad, der in der Fer-

ne erkennbar war. „Und wenn du an dem Weg angekommen bist, dann gehst du nach rechts weiter. Bleib immer schön auf dem Weg, dann kommst du garantiert am kleinen Hügel oberhalb der Kirche raus!"

„Aber den Weg bin ich nicht gekommen!", wandte Manuel ein.

Alexander atmete tief durch und rang mit sich. Es wäre sicher besser, ihn selber hinzubringen. Das wäre verantwortungsbewusst und genau das, was Mama von ihm erwarten würde. Und eigentlich war Alexander verantwortungsbewusst. Immer. Er murrte auch nicht, wenn die kleine Johanna, gerade mal drei Monate und seine jüngste Schwester, wieder einmal die Nacht zum Tag machte und sich auch durch Rumtragen nicht beruhigen ließ. Er schaute kurz zu seinem Bruder, der sichtlich mit sich rang. Nein, entschied er. Einmal, nur heute, wollte er mal tun, was er wollte. Er hatte alles so schön geplant, es wäre gar nicht aufgefallen, dass er nicht mit zur Vesper gegangen war und seine Mutter hatte das auch nicht von ihm verlangt. Er wollte die Tiere füttern und hoffte darauf, dass sie sich sehen ließen. So wie früher, als er noch klein war und alles irgendwie leichter. Als Opa seine Hand gehalten und ihm alles gezeigt hatte. Heute musste er allen alles zeigen. Das war zwar meist schön, aber auch anstrengend. Er war eben doch kein Kind mehr, im Gegensatz zu Manuel, von ihm verlangte man etwas. Die Eltern zu Hause, die Lehrer in der Schule, die Trainer und Sportfreunde. Überall lauerten Verpflichtungen, und Alexander hatte keine Ahnung, wo die alle hergekommen waren. Meist bemerkte er gar nicht, wie voll sein Tag wirklich war. Heute Morgen war es ihm aber aufgefallen. Und da hatte er an den Wald gedacht, daran, wie schön es als Kind gewesen war. So friedlich und so still.

„Ich gehe los!“, flüsterte ihm Manuel zu. „Ich finde den Weg!“ Alexander nickte. Auch wenn ihm sein Gefühl sagte, dass es besser gewesen wäre, seinen Plan zu ändern, aufzustehen und den kleinen Bruder sicher nach Hause zu bringen. Alexander blieb sitzen. Er hörte, wie sich Manuel immer weiter entfernte, drehte kurz den Kopf, ja, der kleine Bruder hatte den Weg erreicht und ging auch in die richtige Richtung. Alexander schmunzelte in sich hinein. So verträumt wie sein Bruder war, hätte er ihm glatt zugetraut, am einzigen Weg falsch abzubiegen. Aber so sollte nun ja eigentlich nichts mehr schiefgehen. Alexander atmete durch, Ruhe. Die Futterkrippe lag immer noch unberührt vor ihm. Kein einziges Tier hatte sich genähert. Ob sein menschlicher Geruch sie davon abhielt? Oder war er zu nah dran?

Langsam brach die Dämmerung über den Wald herein. Die Wolken schienen noch ein Stückchen tiefer zu rutschen und in der Ferne hörte Alexander die Kirchenglocken erneut. Die Vesper war zu Ende. Sein Gefühl sagte ihm, dass Manuel es zeitlich hatte locker schaffen können. Wenn er nicht zu viel rumgebummelt hatte. In einer Stunde würde die Bescherung starten. Spätestens dann würde sein Fehlen richtig auffallen. Früher war auch die später gewesen. Aber seine kleinen Geschwister hielten die Spannung nicht aus und seine Eltern hatten wohl einfach keine Lust auf lange Diskussionen.

„Traditionen kann man ändern!“, hatte Papa verkündet. Für Alexander war es keine große Sache, ob die Bescherung nun um fünf oder um sechs oder wie früher um acht Uhr stattfand. Eigentlich war es ja egal, ihm zumindest. Oma hatte sich geärgert, aber dann auch nachgegeben. Klar, Isabella wickelte jeden um den kleinen Finger und sie war die erste Enkeltochter. Da durfte sie per se schon mal alles, genau wie Alexander

als allererster Enkel überhaupt alles gedurft hatte. Nur dass bei seiner kleinen Schwester sogar schon ein Blick reichte und Oma sprang los. Bei ihm war es immer Opa gewesen, der losgesprungen war.
Es knackte hinter ihm. Alexander hielt den Atem an. Die Geräusche kamen näher, vorsichtig, leise und sehr bedacht. Er wagte es nicht, sich umzudrehen und rief sich immer wieder in Erinnerung, was sein Opa im eingetrichtert hatte: „Es gibt im Wald bei uns keine wirklich gefährlichen Tiere, mein Junge!“ Es war trotzdem ganz schön unheimlich, denn die Dämmerung wurde immer stärker. Zum Glück hatte er wenigstens an eine Taschenlampe gedacht, doch wenn er die jetzt benutzte oder sich umdrehte, dann würde er das scheue Waldtier verscheuchen. Und er wollte sie doch sehen, die Rehe, Füchse und vielleicht ein Wildschwein. Er wollte, dass sie zur Futterkrippe kamen. Weil Weihnachten war. Weil er endlich einmal wieder hier war – und Zeit hatte.
„Hast du die Äpfel auf dem Heu verteilt?“ Alexander schrak zusammen. Seinen Opa hätte er nun nicht erwartet. Mit einem Ächzen ließ sich der alte Mann auf dem Boden nieder. Auch er hatte sich eines der harten Kissen mitgenommen.
„Manuel hab ich zur Kirche geschickt!“, murmelte er. Alexander sah ihn dankbar an. Das war gut, sein kleiner Bruder war wieder sicher angekommen.
Dann schwiegen sie gemeinsam und Alexander fühlte sich auf einmal wieder wie früher: ganz sicher und beschützt und nicht kurz davor, erwachsen zu werden und immer mehr Verantwortung übernehmen zu müssen. Sie saßen einfach nur da und warteten. Stumm und regungslos. Und dieses Schweigen zwischen ihnen war Alexander so vertraut und keinen Moment unangenehm. Er verlor jedes Gefühl für Zeit und Raum.

Weihnachten oder nicht Weihnachten, Bescherung hin oder her, das alles war nicht mehr wichtig. Er war jetzt hier, zusammen mit Opa, alles war gut.
Irgendwann stupste ihn Opa sanft am Arm. Er sagte kein Wort, zeigte nur vorsichtig nach rechts. Bloß nichts sagen, kein Geräusch machen, niemanden wissen lassen, das sie auch da waren, das hatte Alexander verinnerlicht. Dann sah er es auch: Rehe! Erst drei, dann vier. Sie näherten sich vorsichtig der Futterkrippe. Und Alexander hielt den Atem an – sein Wunsch hatte sich erfüllt. Sie waren hier. Alle. Die Rehe, Opa und er. Mehr hatte er nicht gewollt. Und er hatte es bekommen. Sein Weihnachtswunder im Wald.

Kein Karpfen zu Weihnachten

„Glaubst du, diese Phase geht irgendwann wieder vorbei?“, fragte Gregor seine Frau.
„Du meinst, ob Fabian seinen Wunsch nach einem Haustier wieder aufgibt?“, hakte Magdalena lächelnd nach.
Gregor nickte. „Genau das meine ich. Es geht schon viel zu lange und es fängt langsam an, meine Nerven zu strapazieren!“
Magdalena lächelte in sich hinein. Seine Nerven! Der Mann war echt großartig! Die meisten Diskussionen führte schließlich sie mit Fabian. Und sie war es auch, der alle möglichen Bilder und Artikel über Tieraufzucht und Tierhaltung unter die Nase gerieben wurden. Seit Monaten!
„Wenn ich deiner Mutter Glauben schenke, eher nicht!“, sagte Magdalena jedoch nur und räumte weiter den Tisch ab.
Fabian war im Juni acht Jahre alt geworden und genauso lange beteuerte er, nun wirklich schon groß genug zu sein, um die Verantwortung für ein eigenes Haustier übernehmen zu können. Und ebenso lange versuchten Magdalena und ihr Mann, diesen Wunsch zu ignorieren. Dabei wäre Magdalena mit der Anschaffung eines neuen Hausgenossen durchaus einverstanden gewesen. Was sie davon abhielt und Nein sagen ließ, war die Befürchtung, dass die ganze Arbeit, die so ein Tier mit sich brachte, an Ende an ihr hängen blieb. Denn auf die Unterstützung von Gregor wollte sie sich lieber nicht verlassen, der war genauso schnell zu begeistern wie Fabian, und genauso

schnell ließ seine Begeisterung auch wieder nach. Dennoch fiel es ihm deutlich schwerer, konsequent zu bleiben.
„Ich habe damals aber von meinen Eltern zu Weihnachten eines bekommen!“, erinnerte sich nun Gregor. „Da war ich auch ungefähr so alt! Und ich musste mich auch wirklich allein um Dora kümmern!“
Dora, erinnerte sich Magdalena, war ein gelb-grüner Wellensittich gewesen, der nach kurzer Zeit, zumindest behauptete das ihre Schwiegermutter bis heute, der beste Freund von Rolf, ihrem Schwiegervater, geworden war.
„Was sicher daran lag, dass Dora weder Kunststückchen proben, noch Sprechen lernen wollte!“, hatte Helga verständnisvoll eingewandt. Für sie war jedenfalls klar, dass es nicht daran gelegen hatte, dass Gregor sich nicht bemüht hätte! Magdalena hatte im Laufe ihrer zehnjährigen Ehe gelernt, sich bei derartigen Erzählungen jeden Kommentar zu verkneifen. Helga war ein Schatz und Gregor war ihrer; das heiß geliebte und lang ersehnte Wunschkind, entsprechend verwöhnt wurde er auch. Bis heute, denn Helga und Rolf wohnten ganz in der Nähe und genossen das sichtlich. Zum Glück für sie war Helga auch als Schwiegermutter eine absolute Perle. Trotz ihrer ungebremsten Zuneigung zu ihrem Sohn, hatte sie Magdalena von Anfang an in ihr großes Herz geschlossen und wenn es mal Meinungsverschiedenheiten gab, stellte sie sich oft genug auf Magdalenas Seite. Mutterliebe hin oder her. Sie und Rolf hatten sich in der Haustierfrage sofort auf Fabians Seite geschlagen, der mit einem Wimpernschlag Oma und Opa um den kleinen Finger wickeln konnte. Er war ihr einziges Enkelkind, und es gab wohl nichts, das sie nicht für ihn getan hätten.
„Trotzdem, Schatz, Weihnachten ist nicht der richtige Zeit-

punkt!“, widersprach Magdalena, auch wenn es ihr schwer fiel, dem flehenden Blick Gregors Stand zu halten. Ihm ging es, so vermutete sie zumindest, wohl mehr darum, diese endlosen Diskussionen zu beenden und wieder zu anderen Themen zurückzufinden als nun wirklich um einen neuen Hausgenossen.

„Die Anschaffung eines Tieres muss gut überlegt sein, man kann es ja nicht einfach zurückgeben oder umtauschen!“, erklärte Magdalena Gregor streng und ertappte sich dabei, wie sie schon den gleichen Ton anschlug, den sie bei ihren Schülern in der zweiten Klasse wählte, wenn diese sich uneinsichtig zeigten.

„Du weißt doch außerdem selbst, dass es erziehungstechnisch gesehen ein absolutes No-Go ist, ein Tier an Weihnachten zu verschenken!“

„Nur wenn es unüberlegt ist!“, wandte Gregor ein, den ihr Ton nicht im Geringsten zu stören schien. „Wir überlegen schon seit einem halben Jahr, und im Grunde sind wir uns doch auch einig, dass ein Tier hier herzlich willkommen wäre!“

„Ja, vielleicht!“, gab Magdalena zu. „Aber das heißt nicht, dass wir unsere Erziehungsgrundsätze über Bord werfen! Ein Tier wird nicht zu Weihnachten verschenkt und damit basta. Da gibt es überhaupt keine Diskussion. Wir können im Januar darüber reden!“, schlug sie versöhnlich vor.

Gregor verzog das Gesicht. „Und das erklärst du dann unserem Sohn, ja?“

„Wir wissen ja noch nicht einmal, was es überhaupt sein soll!“, wandte Magdalena deshalb ein. „Und bevor Fabian sich da nicht ganz sicher ist, was er denn eigentlich will, brauchen wir gar nicht weiter zu überlegen!“

„Ich nehme alles!“, kam es wie aus der Pistole geschossen

von der Tür zurück. Fabian, die dunklen Haare vom Duschen leicht feucht, sah sie mit strahlendem Blick an.
„Mama, ehrlich, ich kümmere mich um jedes Tier!", versicherte er. „Der Tom, der hat einen Hund! Hunde sind so toll, Mama, man kann mit ihnen spazieren gehen und herumtollen! Sie sind die allerbesten Freunde!"
„Ja, und wer geht mit ihm raus, wenn es regnet?", fragte Magdalena streng.
„Na ich!", versprach Fabian.
Magdalena zog die Stirn kraus. Jetzt begann die Diskussion von Neuem, super, sie hatte sich wirklich auf einen entspannten Abend gefreut.
Fabian, für sein Alter sehr gewitzt, merkte natürlich, dass sein Vorschlag mit dem Hund bei seiner Mama auf keine große Gegenliebe stieß, also machte er ihr einen anderen Vorschlag
„Frau Kellner, unsere Klassenlehrerin, hat zwei Katzen und sie erzählt immer, wie wunderbar die sind und wie sie ihr helfen, sich zu entspannen!", lockte er.
Gregor kicherte und Magdalena musste sich bemühen, nun ernst zu bleiben.
„Du willst also eine Katze?", fragte sie.
Fabian zuckte die Schultern. „Ich würde auch eine Katze lieb haben. Oder ein Meerschweinchen! Leon hat eins und das ist total süß! Es quiekt immer so lustig. Außerdem muss es nicht vor die Tür. Und was zu fressen kann man draußen pflücken, kostet also auch nicht viel. Ein Meerschweinchen wäre auch super. Oder ein Hase? Die gibt's auch in klein, hat Arnim erzählt, sein Opa züchtet nämlich welche. Den müssten wir noch nicht mal bezahlen, der verschenkt sie immer! Oder einen Wellensittich, wie Papa!"
„Nein, keine zweite Dora!", mischte sich nun Gregor ein. Of-

fenbar, vermutete Magdalena, kamen da doch ein paar Erinnerungen hoch.
Fabian sah seinen Vater erstaunt an. „Oma hat mir erzählt, wie viel Spaß du mit Dora hattest!"
Gregor wand sich sichtlich. Na, dachte Magdalena, der Spaß schien wohl eher einseitig gewesen zu sein.
„Weißt du, Fabi, so ein Wellensittich macht eigentlich nicht viel, außer ziemlich viel Lärm und jede Menge Dreck. Das würde Mama nicht so gut gefallen, wenn sie ständig Federn und Sand wegräumen müsste!"
Magdalena glaubte ihren Ohren nicht zu trauen! Schob er jetzt tatsächlich ihr den Schwarzen Peter zu? Sie schnappte nach Luft.
„Also hör mal, Fabian, ich mache dir einen Vorschlag! Du überlegst noch einmal, was du am liebsten hättest, und dann reden wir nach den Feiertagen in aller Ruhe darüber, einverstanden? Dann machen wir eine Liste mit allen infrage kommenden Tieren und denken über die Vor- und Nachteile nach, und dann entscheiden wir uns! Was hältst du davon?"
Magdalena war sich fast sicher, dass Fabian sich schon nicht mehr an den Anfang des Satzes erinnern konnte. Deshalb hatte sie extra diese abenteuerlich lange und völlig kind-ungerechte Formulierung gewählt. Und ihr Plan ging auf. Fabian nickte zustimmend, wenngleich ziemlich unsicher.
„Aber dann auch wirklich, ja?", vergewisserte er sich.
Magdalena versprach es. Leichtsinnigerweise, wie sie sich eingestand, aber auch sie konnte Fabian nur wenig abschlagen. Was Gregor für Helga war, war eben Fabian für sie: ihr Goldstück. Und das wollte sie glücklich sehen.

„Aber warum bis nach den Feiertagen warten?“, fragte Rolf verständnislos, als ihm Gregor den neuesten Stand Haustierdiskussion erklärte.

„Das wäre das perfekte Weihnachtsgeschenk! Wir haben ja praktisch alles vorbereitet! Also Kinder, ihr macht es uns als Großeltern aber auch wirklich nicht leicht! Computerspiele oder so eine Spielstation sollen wir nicht schenken, Autos hat er genug und Kleidung interessiert ihn nicht. Die neue Schultasche kriegt er von Magdalenas Eltern, die Turnschuhe auch und was bleibt da für uns? Wir hatten uns das so schön überlegt!“

„Was habt ihr euch überlegt?“, wollte nun auch Magdalena wissen. „Fabian hat sich doch noch gar nicht entschieden!“

„Ach was, das sagt er euch!“, lachte Helga. „Ich weiß doch, wie ich aus meinem kleinen Engel herauskitzle, was er haben will!“

Nun staunte Magdalena wirklich. „Aha, und das wäre?“

„Na, ein Meerschweinchen!“, kam es prompt zurück.

„Und das weißt du woher?“, fragte nun auch Gregor. „Wir haben erst gestern Abend mit ihm gesprochen und da klang es eher so, als wäre ein Meerschweinchen eine Option von vielen!“

„Das will er euch glauben lassen!“, lachte Helga. „Hör mal, der Junge ist doch blitzgescheit! Dass du Katzen nicht besonders schätzt, weiß er, und dass Magdalena keine Lust auf Spaziergänge im Regen hat, ob mit oder ohne Hund, auch. Goldhamster sterben einfach zu schnell und einen Wellensittich hattest du als Kind, das weiß er auch. Bevor er also auf irgendwas Exotisches kommt, bin ich mit ihm in eine Zoohandlung gegangen und dort haben wir uns Tiere angesehen. Ich habe uns auch gleich erklären lassen, wie man die Tiere halten muss

und was sie fressen. Die Schlangen fand er ganz interessant, aber als er hörte, dass die lebendige Mäuse und so was fressen, war klar, dass die nicht infrage kommen. Dafür hat er sich in so ein süßes weiß-braun gestreiftes Rosettenmeerschweinchen verliebt. Er hat es sogar schon Mucki getauft, weil es so süße Geräusche gemacht hat! Glaub mir, Fabian will ein Meerschweinchen!"
„Ja, und bis wir uns entschieden haben, ist Mucki verkauft, und wir haben das Drama. Toll gemacht, Mama!", meckerte nun Gregor.
Doch Helga lachte nur. „Was denkst du denn von mir, mein Schatz! Es ist alles in bester Ordnung, es ist reserviert!"
„Reserviert?", hakte Magdalena nach und ahnte Schlimmes.
Doch Helga ließ sich nicht mehr entlocken, nur, dass sie ein ernstes Gespräch mit dem Inhaber der Zoohandlung geführt hatte.

Auch wenn Magdalena es kaum glauben konnte, waren Haustiere für Fabian fortan tatsächlich kein Gesprächsthema mehr. Zumindest soweit sie das nach drei Tagen schon beurteilen konnte, aber für Fabian waren drei Tage eine Ewigkeit. In der Schule war der alljährliche Vorweihnachtsstress mit Weihnachtsfeiern und Zwischenkonferenzen ausgebrochen. Die erste Klasse wollte Plätzchen backen, was aber angesichts eines fehlenden Ofens natürlich kaum möglich war, also hatte man sich auf das Verzieren derselben verständigt. Blöderweise brach sich ausgerechnet an dem Tag die Klassenlehrerin der Klasse auf dem Weg zur Schule den Knöchel. Also musste auch hier blitzschnell umdisponiert werden und Magdalena übernahm freiwillig die Vertretung. Schließlich sollten die Erstklässler nicht unter dem Unfall ihrer Lehrerin leiden, was

zumindest bei Kollegen und Eltern gut ankam. So gut, dass Kollege Meierling, der froh war, dass er der Keksverzierungsaktion entkommen war, sich bei Magdalena revanchierte und ihr ein einen echten, lebenden Karpfen als Dank mitbrachte.
„Hier, euer Weihnachtsessen!“, sagte er grinsend. „Mein Vater züchtet die nämlich. Garantiert bio!“
Der Karpfen war riesig, und er guckte sie mit seinen Glupschaugen schon jetzt ganz vorwurfsvoll an.
„Also, eigentlich kaufe ich die immer schon küchenfertig ein!“, versuchte sie das Geschenk abzuwehren. Doch Meierling kannte kein Pardon. Er bestand darauf, dass sie den Karpfen annahm.
„Wollen Sie vielleicht ...“, versuchte Magdalena das Geschenk anderen Kollegen unterzujubeln, doch keiner wollte.
„Ich töte keine Tiere!“, war das gute Argument der meisten. Und eigentlich auch ihres. Doch da sie das Riesenglas ja kaum im Lehrerzimmer stehen lassen konnte, blieb ihr gar nichts anderes übrig, als den Karpfen mit nach Hause zu nehmen. Gregor, so ihre Hoffnung, würde schon was einfallen.
Doch dazu hatte dieser erst einmal keine Gelegenheit, denn kaum daheim, entdeckte Fabian das Glas mit dem Karpfen darin – und zog völlig falsche Schlüsse.
„Mami, Mami – du bist die Allerbeste!“, jubelte er und stürzte zum Küchentisch. „Du hast mir einen Fisch mitgebracht! Toll! Ich verspreche dir, dass ich gut für ihn sorgen werde! Hat er schon einen Namen?“
Magdalena fiel vor Schreck gar nichts mehr ein. Eigentlich hätte sie die Sache sofort aufklären müssen, aber angesichts der Begeisterung, mit der sich Fabian auf den Karpfen stürzte, brachte sie das nicht übers Herz. Der Karpfen wurde sofort von Fabian in Beschlag genommen und bekam den Namen Nemo.

„Aber Nemo war ja eigentlich kein Karpfen!“, versuchte später Gregor sein Glück, den die Begeisterung, mit der Fabian sich dem Fisch widmete, regelrecht erschütterte.
„Ehrlich, ich bin ratlos!“, gestand Magdalena später, als Fabian endlich eingeschlafen war.
„Dieser Fisch ist nicht mal niedlich! Es ist ein Karpfen! Einen, den wir Weihnachten essen wollen! Ich weiß überhaupt nicht, was er daran findet!“
„Wir haben seinen tiefen Wunsch nach einem Haustier vielleicht wirklich unterschätzt!“, gab Gregor zu. „Und ich dachte, er will ein Meerschweinchen!“
„Ja, diesen Mucki!“, murmelte Magdalena.
„Stimmt. Und weißt du was, das nächste Drama ist vorprogrammiert! Ich war nämlich heute in der Tierhandlung!“
Magdalena ahnte Böses. Gregor nickte. „Genau, es gibt dort kein solches Meerschweinchen mehr, er hat alle verkauft. Und von einer Reservierung wusste er nichts. Wenn wir jetzt nachgeben und er eins haben darf, wird er furchtbar enttäuscht sein! Erst muss er sich von Nemo trennen und dann gibt's nicht mal das, was er wirklich will. Das werden Weihnachten!“
„Es gibt kein Tier zu Weihnachten!“, betete Magdalena fast schon automatisch herunter. „Niemals und unter keinen Umständen! Wir bleiben bei unserem Plan, mit ihm nach den Feiertagen eine Liste zu machen. Egal, was deine Mutter gesagt hat!“
„Einverstanden!“, gab Gregor nach. „Aber was machen wir mit Nemo?“
Darauf hatte Magdalena auch keine Antwort. Sie wusste nur, dass sie den Fisch weder töten noch ausnehmen wollte und das lag nicht nur daran, dass Fabian ihn zu seinem besten Freund erklärt hatte.
Als sich Magdalena am nächsten Tag spontan mit Helga traf

und ihr das Nemo-Dilemma erklärte, lachte diese schallend. „Siehst du, er wünscht sich so sehr ein Haustier, dass er sogar einen Karpfen akzeptiert! Aber vielleicht hat er ja auch nur auf Rolf gehört oder sich von ihm anstecken lassen!"

„Was hat Rolf mit Fischen zu tun?", fragte Magdalena überrascht. „Ihr habt doch gar kein Aquarium!"

„Nein, aber Rolf ist doch jetzt pensioniert und er hat schon einen ganz genauen Plan, was er mit der vielen Zeit, die er jetzt hat, machen wird. Und ein Punkt auf seiner Liste ist das Anlegen eines Gartenteiches. Darin will er Goldfische ansiedeln. Deshalb liegen bei uns seit Monaten Bücher und Zeitschriften über Gartenteiche und Fische herum. Und weil mir die Lust fehlt, ihm da ständig zuzuhören, hat er sich Fabian geschnappt. Mir fehlt ja jegliches Interesse an den Fischen und dem ganzen Kram, aber Fabian hört Rolf aufmerksam zu und hilft ihm sogar, die künftigen Bewohner des Gartenteiches auszusuchen. Allerdings dauert das noch, bis er besiedelt werden kann, fürchte ich. So pedantisch, wie Rolf bei allem zur Sache geht, wird der Teich im Frühjahr nicht mehr fertig!"

„Schön, aber was soll ich denn nun mit dem blöden Fisch machen?", fragte Magdalena. „Mir ist ehrlich gesagt schön völlig der Appetit vergangen. Ich meine, man macht sich ja im Allgemeinen keine großen Gedanken über das Tier, das auf dem Teller landet. Ich sehe ein Steak und da sehe ich auch nur ein Steak. Keine Kuh, die mich mit ihren großen Kulleraugen treu-doof anguckt! Im Moment komme ich nicht mal an Fischstäbchen ran, weil ich mit Nemo vor Augen plötzlich sehe, dass das mal richtige, lebendige Tiere waren!"

„Du wirst noch zum Vegetarier mutieren!", witzelte Helga. „Und das alles wegen einem Karpfen! Was sagt denn Gregor dazu?"

„Wir müssen den blöden Fisch loswerden!“, sagte Gregor, als ihm Magdalena von ihrem Gespräch mit Helga erzählte. „Zu meinen Eltern in den Gartenteich oder zu sonst wem, aber wenn er noch länger hier bleibt, kriege ich Heiligabend keinen Bissen runter! Wir sollten unbedingt bei der Auswahl des Haustieres beachten, dass definitiv kein Tier infrage kommt, dass wir auch essen! Also kein Kaninchen! Und Hasenbraten macht Mama immer an Pfingsten, damit fällt der Hase auch weg!“
„Wie schön, dass wir weder Wellensittiche, noch Meerschweinchen auf dem Speiseplan haben!“, spottete Magdalena. „Hund und Katze übrigens auch nicht!“
„Na, dann hat er doch Auswahl. Von mir aus können wir uns auch eine Ratte zulegen, die sollen sehr reinlich sein! Oder eine dieser Echsen? Wie heißen die doch gleich?“
„Auf keinen Fall!“, empörte sich Magdalena. „Und überhaupt, jetzt geht es um den Karpfen. Ich bringe ihn nicht um und ich koche ihn auch nicht, also lass dir was einfallen. Du bist schließlich der Mann im Haus!“
Und ehe Gregor darauf etwas einfiel, verzog sie sich in ihr Arbeitszimmer. Wenn sie über Klassenarbeiten brütete, ließ Gregor sie in Ruhe. Und die brauchte sie auch, wenngleich sie dank der dünnen Wände Fabian mit seinem neuen Freund reden hörte. Und während sie so zuhörte, wie Fabian dem Karpfen munter von seinem Tag erzählte, wusste sie, dass es eine heikle Sache war, dem Jungen den Fisch wieder wegzunehmen. Und sie wusste auch, dass es an Weihnachten dieses Jahr erstmalig keinen Karpfen geben würde. Zumindest nicht bei ihnen.

Wenn Magdalena noch irgendwie gehofft hatte, dass Fabians Begeisterung für den Karpfen nachlassen würde, sah sie sich

eine gute Woche später getäuscht. Fabian quartierte den Fisch sogar eigenhändig in die Badewanne um, damit er das Glas besser reinigen konnte. Und er schlug vor, ein paar Pflanzen und Steine zu kaufen, damit Nemo es gemütlicher hatte.
„Das geht so nicht!", stellte dann auch Helga fest. „In einer reichlichen Woche ist Weihnachten! Wie willst du dem Jungen erklären, wo Nemo abgeblieben ist?"
Magdalena zuckte ratlos die Schultern. „Essen tue ich den sowieso nicht mehr. Es gibt Kartoffelsalat und Würstchen. Und ich werde mir garantiert keinen Bericht über niedliche kleine Ferkel vorher angucken. Sonst fange ich noch an durchzudrehen!"
„Würstchen gibt's inzwischen auch vegetarisch!", stellte Helga lachend fest. „Ich kann ja sicherheitshalber welche besorgen. Aus Soja!"
„Und die willst du dann deinem Sohn unterjubeln?", fragte Magdalena skeptisch. „Gregor und vegetarische Sojawürstchen, an Weihnachten – das will ich sehen!"
„Das kriege ich hin!", versicherte ihr Helga lachend. „Du wirst schon sehen! Nun sag mir lieber mal, womit wir unserem kleinen Engel nun wirklich eine Freude machen dürfen. Ein neues Fahrrad?"
„Das hat er doch erst letztes Jahr bekommen!", wandte Magdalena ein. Helgas enttäuschtes Gesicht jagte ihr jedoch ein schlechtes Gewissen ein. Sie liebten Fabian über alles und meinten es gut. Vielleicht sollte sie doch einen Teil ihrer pädagogischen Prinzipien aufgeben?
„Er könnte einen neuen Fahrradhelm gebrauchen!", mischte sich Gregor ein. „Er hat da so ein Teil gesehen, echt cool, der Wortlaut deines Enkels wohlgemerkt. Kostet auch nur knapp achtzig Euro …"
Helga lachte und griff den Tipp mit dem teuren Helm dankbar

auf. „Vielleicht kaufen wir noch eine passende Fahrradtasche und ein Puzzle mit Tieren!“, schlug sie vor. „Am besten mit einem Meerschweinchen, wenn wir ihm schon keins schenken dürfen!“
Magdalena verdrehte genervt die Augen. Helga gab nie auf. Und da fragte sie sich, wo Fabian diese Ausdauer her hatte!
„Wir verbieten euch ja nicht, ihm ein Meerschweinchen zu schenken!“, lenkte Gregor nun auf der Suche nach einem Kompromiss ein. „Wir wollen nur nicht, dass er es als Weihnachtsgeschenk bekommt! Weil ihm das suggerieren könnte, dass man Tiere einfach wie Sachen verschenkt. Tiere sind aber keine Gegenstände, sondern Lebewesen!“
„Wenn ich euch richtig verstehe, habt ihr also gar nichts dagegen, wenn wir Fabian ein Meerschweinchen samt Ausstattung schenken, solange es nicht zu Weihnachten ist?“, mischte sich nun auch Rolf ein.
Gregor nickte und Magdalena fügte sich und nickte auch. „Ja, aber auch nur, wenn ihr euch irgendwas für diesen blöden Karpfen einfallen lasst! Ich weiß nicht warum, aber mich stört der Fisch! Ich bilde mir schon ein, dass er mich jedes Mal ganz vorwurfsvoll anguckt, weil ich letztes Jahr einen seiner Verwandten in die Pfanne gehauen habe!“
Gregor und seine Eltern lachten und auch Magdalena fiel es schwer, ernst zu bleiben. „Ist doch wahr! Jeder hat eben so seine Befindlichkeiten! Und ehrlich, ein Meerschweinchen ist mir tausend Mal lieber als so ein Fisch! Zumal ich als Kind selbst eins hatte!“
„Ehrlich?“, fragte Helga. „Das hast du ja noch gar nicht erzählt! Wie hieß es denn?“
Magdalena warf Helga einen giftigen Blick zu. „Mucki hieß es! Und ich bin mir ganz sicher, dass ich das schon mal irgend-

wann erwähnt habe! So viele Haustiere hatte ich nämlich nicht!“

„Oh, das muss ich vergessen haben!“, sagte Helga viel zu gelassen. Und Magdalena ging auf einmal auf, was hier für ein Spiel gespielt wurde.

„Okay“, sagte sie zu Helga und Rolf. „Ihr könnt eurem Enkel gern sofort ein Meerschweinchen kaufen gehen, noch ist ja nicht Weihnachten! Aber das darf er nur haben, wenn er den Fisch rausrückt!“

Helga und Rolf warfen sich einen bedeutsamen Blick zu, dann nickte Helga. „Aber gerne doch, Liebes! Rolf, fährst du bitte Mucki holen? Ich erkläre Fabian derweilen, dass Nemo umziehen muss!“

Magdalena blieb vor Erstaunen der Mund offen stehen. Bei Gregor fiel der Groschen deutlich schneller.

„Ihr habt das Tier gekauft und nicht reserviert!“, rief er. „Verflixt, darauf hätte ich ja gleich kommen können! Und ich Blödmann renne noch in den Laden und frage nach einem reservierten Meerschweinchen!“

Helga und Rolf kicherten. „Also Junge, du kennst uns doch! Ich fahr dann mal los!“

Eine Stunde später nahm Fabian fröhlich Abschied von seinem Nemo.

„Ich passe gut auf ihn auf, er wohnt in der Badewanne, bis Opa den Teich fertig hat oder wir ein größeres Aquarium gekauft haben!“, versprach Helga ihrem Enkel. „Und du kannst ihn besuchen, wann immer du willst! Und nun guck mal, der Opa hat eine Überraschung für dich!“

Wie aufs Stichwort kam Rolf mit einem riesigen Nagerkäfig zur Tür hereinspaziert. Mucki quickte schon unüberhörbar und

Fabian stürzte sich sofort auf seinen neuen haarigen Freund. Mit einem gekonnten Griff schnappte er sich das kleine Tierchen und drückte es zärtlich an sich, während Gregor seinen Arm um Magdalena legte.

„Er ist so niedlich, guck mal, Mama! Diese kleine Zunge, wie ein Minireibeisen! Und sein Fell ist so weich! Willst du ihn mal streicheln?“

Magdalena wollte. Und Gregor auch. Am Ende standen alle glücklich um den Käfig herum und freuten sich mit Fabian, der seinen kleinen Freund gar nicht aus den Augen lassen konnte.

„Ich weiß, dass das nicht mein Weihnachtsgeschenk ist!“, sagte er dann grinsend.

„Genau!“, bestätigte Gregor. „Weil man Tiere nämlich nicht zu Weihnachten verschenkt, nicht wahr! Sie sind Lebewesen und wir nehmen sie auf, weil wir sie lieb haben und uns gern um sie kümmern wollen!“ Gregor warf Magdalena einen fragenden Blick zu.

„Absolut richtig!“, bestätigte sie lächelnd. Ihre beiden Männer wickelten sie mal wieder um den Finger, denn sie wussten ganz genau, was sie jetzt hören wollte. Aber sie tat so, als würde sie das nicht mitbekommen.

„Und weißt du auch, was das bedeutet?“, fragte nun Rolf ganz ernsthaft seinen Enkel.

Fabian schaute ihn irritiert an. Rolf lachte: „Na, dass du zu Weihnachten eben noch mehr Geschenke kriegst, mein Junge!“

Ehe Magdalena nach Luft schnappen konnte, legte ihr Gregor beruhigend den Arm auf die Schulter. „Du kennst ihn doch, lass ihn einfach. Und sieh es mal so: Keine langen Pro- und Contra-Listen zur Haustieranschaffung und einen sauteuren Fahrradhelm mit allen erdenklichen Sicherheitszertifikaten gibt's auch noch obendrauf, zudem ein wunschlos glückliches Kind und zufriedene Großeltern – was wollen wir eigentlich mehr?"

„Ja, wir haben unheimliches Glück!", stellte Magdalena fest. „Jetzt muss Fabian zeigen, ob er sein Versprechen auch halten kann!"

„Ich bin sicher, er schafft das mit dem Füttern und dem Saubermachen. So riesig ist der Aufwand ja nun auch nicht."

„Aber Fisch gibt's an Heiligabend definitiv nicht!", murmelte Magdalena.

„Dein Kartoffelsalat ist ohnehin unschlagbar!", lächelte Gregor. „Nur die Sojawürstchen muss Mama allein essen! Dazu kriegt sie mich nicht, du wirst sehen!"

Magdalena verkniff sich die Bemerkung, dass das letzte Wort darüber ganz sicher noch nicht gesprochen war. Heiligabend versprach jedenfalls spannend zu werden – Sojawürstchen hin oder her! Auf jeden Fall würden es friedliche Weihnachten werden, für die ganze Familie einschließlich Mucki und Nemo, dem Karpfen, den es nun nicht als Festtagsmahl geben würde.

Rudi auf der Flucht

„Ist der Chef da?“ Ohne ein „Guten Morgen“ huschte Heidrun an meinem Tisch vorbei zum Kopierer und warf dabei einen vorsichtigen Blick in das Allerheiligste, das Büro unseres Direktors Dr. Brömmstetter.
„Nein!“, sagte ich und fügte so fröhlich wie möglich hinzu: „Ich wünsche dir auch einen guten Morgen!“
Als Chefsekretärin unserer Firma war ich allerlei gewohnt, ein fehlender Gruß brachte mich nicht wirklich aus dem Konzept. Seit fünfundzwanzig Jahren machte ich diesen Job nun schon, neun davon auf dieser Stelle, und meine Erfahrung hatte mich gelehrt, dass man mit Höflichkeit und Freundlichkeit meist am Weitesten kam. So auch jetzt, denn Heidrun guckte mich ganz erschrocken an.
„Oh, entschuldige, Andrea!“, murmelte sie und versuchte, den Kopierer hinter ihr blind zu bedienen.
„Schon gut, pass lieber auf, was du da verstellst! Was hast du eigentlich vor?“
Heidrun strahlte mich an und wedelte mit einem Blatt Papier vor mir herum.
„Ich muss das unbedingt zehn Mal kopieren! Und du weißt doch, dass der Chef es nicht so gern hat, wenn wir hier privates Zeug kopieren!“
Welcher Chef hatte das schon? Trotzdem nickte ich ihr freundlich zu. Zehn Kopien würden die Firma nicht in den Bankrott treiben. „Dann mach doch, er ist bei einem Auswärtstermin

und kommt heute später!“, ermutigte ich sie. Schnell zog sie ihre Kopien, dann hielt sie mir die Vorlage erneut unter die Nase.

„Guck mal! Drollig sind sie ja, oder?“

Das Bild zeigte eine relativ abstrakte Darstellung einer Schildkröte. In Schwarz-Weiß und ohne das typische Muster auf dem Panzer.

„Das kann Tommy dann ausmalen!“, erklärte mir Heidrun. „Er ist doch so ein Schildkrötenliebhaber!“

„Tommy?“, fragte ich erstaunt. Heidruns Sohn war acht Jahre alt und damit nur knapp zwei Jahre jünger als mein Sohn Noah. Der hatte seine Ausmalphase bereits im Kindergarten ausgelebt.

„Ja, er will unbedingt eine Schildkröte haben!“, stöhnte Heidrun und ließ sich auf dem Besucherstuhl nieder. „Und natürlich nicht irgendeine, sondern eine Griechische Landschildkröte!“

„Was ist an denen so besonders?“, fragte ich.

„Die stehen eigentlich unter Artenschutz“, erklärte Heidrun, „Aber die Nachzuchten nicht. Sie werden in Deutschland sogar recht häufig angeboten. Es gibt unzählige Züchter! Unser Nachbar arbeitet als Tierpfleger im Zoo, und der kann Geschichten erzählen! Von armen, geschundenen Tieren, die sie auf den Märkten in Polen für gerade mal zwanzig Euro verscherbeln. Das ist natürlich illegal, aber eine reguläre Nachzucht ist vielen zu teuer, unser Züchter verlangt zweihundert Euro!“

„Euer Züchter?“, hakte ich nach. „Heißt das, Tommy kriegt eine Schildkröte zu Weihnachten?“

Heidrun schüttelte den Kopf. „Nein, natürlich nicht! Es soll ja eine Überraschung sein und Walter hat ihm ja auch erklärt, dass sie eigentlich Winterstarre halten und so, deshalb rechnet er ja auch nicht vor seinem Geburtstag im Mai damit. Außerdem gibt es bei unserem Züchter eine Warteliste. Und da müssen wir erst mal aufrücken. Und solange malt er eben fleißig und liest und bereitet sich vor. Der weiß inzwischen fast alles über Schildkröten!"

Einen Moment dachte ich daran, dass ich mich erst gestern über Noah geärgert hatte, weil er so viel Zeit mit dem iPad seines Vaters verbrachte. Nun erschien mir das auf einmal gar nicht mehr so schlimm, denn eine Schildkröte war so ziemlich das Letzte, was ich daheim herumschleichen haben wollte.

„Wie ist er denn nur auf Schildkröten gekommen?", fragte ich interessiert.

Heidrun seufzte. „Also eigentlich ist da eher so eine Erziehungsmaßnahme von mir nach hinten losgegangen!", gab sie zu. „Tommy redet schon ewig von einem Haustier. Alle seine Schulfreunde haben eins, vom Wellensittich über Meerschweinchen bis hin zu einem Hund oder einer Katze. Zum Glück schwankte er ständig hin und her, was bei Martin und mir dazu führte, das Thema immer wieder aufzuschieben. Unser Nachbar, der Walter, arbeitet ja im Zoo und letztes Jahr in den Herbstferien hat er Tommy einen halben Tag lang mitgenommen. Ich hielt das damals für eine super Idee! Er ist dort für Reptilien zuständig und da Tommy gerade anfing, Schlangen gut zu finden und Martin und ich schon Schlimmes befürchteten, war die Gelegenheit perfekt."

Ich ahnte, worauf sie hinauswollte und musste mir ein Grinsen verkneifen.

„Also, das Gute ist, dass Tommy seither niemals mehr den Wunsch geäußert hat, daheim eine Schlange zu halten!", gab sie grinsend zu. „Walter hat ihn nämlich bei einer Lebendfütterung zusehen lassen! Ein bisschen brutal vielleicht, aber andererseits, so ist die Natur eben. Schlangen fressen nun mal lebende Mäuse."

Allein bei dem Gedanken daran wurde mir ganz übel. „Schön, also hatte er von Schlangen irgendwie genug!", versuchte ich die Sache abzukürzen.

„Ja, das hatte er. Aber blöderweise gab es dort auch Schildkröten, die ja auch zu den Reptilien gehören, und Walter wollte ihm danach wohl irgendwas Niedliches zeigen, also durfte er eine streicheln!"

Ich verkniff mir die Bemerkung, dass mir viele Tiere einfielen, die eindeutig niedlicher waren als nun ausgerechnet eine Schildkröte, und Heidrun redete sowieso wie ein Wasserfall weiter.

„Ja, und seitdem haben wir das Thema Schildkröte auf der Agenda. Das geht jetzt schon fast ein Jahr lang so. Super, oder? Und da er solange dabei bleibt und sich wirklich interessiert und kümmert, für seine acht Jahre eine ordentliche Leistung, haben Martin und ich beschlossen, ihm eine zu schenken."

„Dann hoffe ich mal, dass ihr bald auf der Warteliste nach vorn rückt!", versicherte ich Heidrun und ahnte nicht, wie schnell sich mein Wunsch erfüllen würde.

Keine zwei Tage später stand Heidrun mit einem Pappkarton unterm Arm vor mir.

„Andrea!", säuselte sie und schob mir mit der freien Hand einen Kasten Nougatpralinen über den Tisch hinweg zu. „Du bist doch auch Mutter!"

Ich ahnte Schlimmes, musterte sie, dann die Pralinen und schlussendlich den Karton.

„Was ist da drin?", wollte ich wissen.

„Rudi!“, strahlte Heidrun.

Mein Gesicht verwandelte sich in ein Fragezeichen. Okay, in meinem Job wurde ständig vorausgesetzt, dass man alles wusste, alles konnte und alles regelte. Gedankenlesen und Hellsehen konnte ich trotzdem nicht.

Heidrun setzte den Karton vorsichtig vor mir ab und öffnete den mit unzähligen Löchern durchbohrten Deckel.

„Eine Schildkröte!“, entfuhr es mir.

„Ja, darf ich vorstellen? Das ist Rudi! Der Züchter hat angerufen! Rudi ist schon zwei Jahre alt und die meisten wollen ja eine ganz kleine Schildkröte, wie bei Hunden, wo alle einen Welpen wollen. Aber leider ist die Besitzerin von Rudi nicht mehr in der Lage, sich um das Tier zu kümmern und da hat sie sich an den Züchter gewandt, ob er nicht jemanden finden könnte! Und stell dir vor, alle anderen auf der Liste, die vor uns dran sind, wollten lieber warten. Vielleicht auch, weil bald Winter ist, von wegen Winterstarre und so. Aber ich habe zugegriffen, denn er sagte mir auch ganz deutlich, dass wir sonst noch mindestens ein Jahr warten müssen. Außerdem, die leben recht lange, manche werden sogar über hundert Jahre alt, fünfzig ist wohl der Durchschnitt! Was machen da schon zwei Jahre?“

In meinem Kopf setzte sich ungewollt eine sehr merkwürdige Gedankenspirale in Gang. Ein Haustier, das mich im Zweifelsfall überleben würde und für das ich dann gegebenenfalls noch testamentarische Verfügungen treffen musste, nein, das käme nun wirklich nicht infrage! Aber jedem das Seine, und Heidrun schien mit ihrem Rudi sehr glücklich zu sein.

„Na, dann wird sich Tommy aber freuen!“, versicherte ich ihr.

Heidrun schüttelte den Kopf. „Nein, wir müssen daheim doch erst mal alles vorbereiten! Der Junge ist doch da so pedantisch!

Alles muss perfekt sein für seine Schildkröte und wir dachten ja, wir hätten noch Zeit! Das Freigehege, das Martin für den Garten in Planung hat, können wir ja erst im Frühjahr anlegen und einen passenden Platz, wo der kleine Bursche seine Winterstarre ausleben kann, haben wir auch noch nicht."

Pedantisch? Tommy? Ich fragte mich ernsthaft, wer hier pedantisch war! Diese Schildkröte sah mopsfidel aus und machte keineswegs den Eindruck, als ob sie gedachte, in den nächsten fünf Minuten in den Winterschlaf zu fallen.

„Und was hast du jetzt vor?", fragte ich vorsichtig.

„Alles vorbereiten daheim!", kam es wie aus der Pistole geschossen zurück. „Unseren Nachbarn habe ich schon angerufen, der hilft uns. Der arrangiert auch einen Tierarztbesuch, damit Rudi richtig durchgecheckt wird, von wegen Parasitenbefall und so. Man weiß ja nie! Auch wenn der Züchter mir seine Papiere mitgegeben hat!"

„Parasitenbefall? Papiere?", fragte ich erstaunt und zog meine Hand zurück, die gerade dabei war, den harten Panzer von Rudi zu streicheln.

„Keine Angst, er ist gesund!", versicherte mir Heidrun. „Aber ich will das gern von einem Tierarzt meines Vertrauens bestätigen lassen, bevor ich ihn mit nach Hause nehme und Tommy loslegt. Du würdest Noah doch auch nicht enttäuschen wollen!"

Ich stellte mir gerade das Gesicht meines Sohnemanns vor, wenn ich heute Nachmittag mit Rudi im Gepäck heimkommen würde! Da er weder über eine Fernsteuerung noch einen elektrischen Anschluss verfügte, wäre er für Noah ziemlich uninteressant.

„Und der Tierarzt hat nur jetzt Zeit und deshalb musst du schnell weg und willst, dass ich dich vor dem Chef decke?", fasste ich meine Vermutungen zusammen.

Heidrun schüttelte den Kopf. „Nein, der Arzt ist im Urlaub und erst nächste Woche wieder da. Ich wollte Rudi hier bei dir zwischenparken. Du bist doch die Einzige, die ein Einzelbüro hat, außer dem Chef natürlich, und Rudi braucht nicht viel! Wenn du den Brömmstetter fragst, dir schlägt er nichts ab! Bitte, Andrea, das ist ein Notfall!"

Warum ich nicht in der Lage bin, in entscheidenden Situationen einfach Nein zu sagen, wird sich mir wohl nie erschließen; ich gab nach, wie immer, und saß kurz darauf mit einer Kiste Schildkröte da. Zum Glück hatte mein Chef wirklich nicht viel dagegen, er hatte selbst Kinder und war froh, dass ihm daheim die Schildkrötennummer erspart blieb.

„Meine haben einen Goldhamster!", brummte er nur. „Wenn man sie nicht rauslässt, sind die gar nicht schlimm! Hat ihr Sohn eigentlich ein Haustier?"

„Nein!", erklärte ich ihm freimütig. „Meine Eltern wohnen in einem alten Bauernhaus in Holleben, nur zwanzig Minuten von uns entfernt. Dort gibt es Hühner, Kaninchen, ein paar Katzen und einen Hofhund. Das reicht Noah völlig aus. Mit nach Hause nehmen wollte er als Vierjähriger nur mal ein Katzenbaby. Aber als die Katzenmama auf ihn losging, weil er seine kleinen Patschehändchen nicht von ihrem Nachwuchs lassen konnte, wollte er auch das nicht mehr. Und mit zehn ist er ohnehin mehr an technischen Dingen interessiert!"

„Da haben Sie richtig Glück!", brummelte mein Chef und schob seine Brille zurecht. „Meine beiden Mädchen sind schon in der Pubertät, was bei Zwillingen doppelt Spaß macht! Wir haben jeden Morgen Diskussionen über zu viel Farbe im Gesicht und zu wenig Stoff am Körper!"

Ich hatte Mühe ernst zu bleiben, zumal ich mir gut vorstellen konnte, dass er derartige Diskussionen lieber seiner Frau überließ und sich ins Büro verdrückte. Immerhin, tröstete ich mich, hatte ich so eine gute Erklärung für seine gleichbleibend schlechte Laune in den letzten Wochen.

„Rudi darf also bleiben?“, vergewisserte ich mich sicherheitshalber.

„Von mir aus!“, brummte mein Chef und widmete sich wieder seinen Unterschriftsmappen.

Auch wenn ich Heidrun Recht geben musste, was die Anspruchslosigkeit meines Bürogastes betraf, so hatten wir beide nicht bedacht, wie schnell sich dessen Anwesenheit herumsprechen würde! Jeder Kollege, der ein paar Minuten erübrigen konnte, kam nun bei mir vorbei, um Rudi ausgiebig zu bewundern, zu streicheln oder mir seine neuesten Wikipedia-Erkenntnisse in Sachen Griechische Landschildkröten zu erläutern.

„Wenn das weiter so geht, wirst du mich hassen, bevor ich einen geeigneten Kühlschrank für Rudi aufgetrieben habe!“, bedauerte mich Heidrun.

„Rudi braucht einen eigenen Kühlschrank?“, fragte ich. „So viel also zu seiner Anspruchslosigkeit! Ich hätte dafür ehrlich gesagt gar keinen Platz!“

„Nein, wir stellen den doch in den Keller. So einen alten, keinen neuen. Aber wegen der Winterstarre, die ja drei bis fünf Monate im Jahr betragen kann, lohnt sich das schon. Da muss man echt auf die Temperatur achten und auf die Luftfeuchtigkeit! Sie überwintern nämlich bei vier bis sechs Grad und Walter meinte, ein separater Kühlschrank im Keller, den wir dann mit leicht feuchtem Substrat füllen, in das sich Rudi eingraben kann, wäre am besten dafür geeignet. Eine zu trockene Umgebung und Temperaturen über acht Grad zehren ihn aus!

Und bei unter zwei Grad kommt es zu Frostschäden; also vier bis sechs Grad sind eben ideal! Deshalb der Kühlschrank – ich kann ja schlecht das Kinderzimmer runterkühlen, nur damit sich Rudi wohlfühlt!“

„Nun ja, das würde euch eine Menge Heizkosten ersparen!“, stellte ich schmunzelnd fest und stellte mir vor, was mein Schatz dazu sagen würde, wenn ich solche Einfälle hätte. Ein eigener Kühlschrank fürs Bier oder seine Schokoladenvorräte – er mochte Schokolade am liebsten steinhart gefrostet –, das wäre ein Angebot, das er sicher annehmen würde, aber einen für das Haustier unseres Sohnes? Ich war echt froh, dass Noah so anspruchslos war, und beschloss, ihm die heiß ersehnte Spielekonsole vielleicht doch unter den Weihnachtsbaum zu legen.

„Ich hab da mal ein paar Salatblätter für Rudi!“, polterte Frau Riese, unsere Empfangsdame, in mein Büro. „Ich habe nämlich gelesen, dass die das total gerne mögen! Darf ich?“

Klar durfte sie. Und alle anderen natürlich auch. Verhungern würde Rudi nicht. Und die Wochenendbetreuung regelte Heidrun auf ihre Art: Sie wollte einfach im Büro vorbeifahren, von mir aus.

Als am späten Nachmittag endlich alle Kollegen in den Feierabend verschwunden waren, nahm ich Rudi dann auch endlich genau unter die Lupe. Er hob sein Köpfchen, als ich ihn aus seinem Karton befreite und schien mich anzugrinsen. Vermutlich bildete ich mir letzteres aber auch nur ein. Seine großen Kulleraugen verfolgten jedenfalls jeden Handgriff von mir. Kaum auf dem Boden aufgesetzt, seppelte er los, und zwar ganz schön fix!

„Hey, renn mir nicht davon!“, ermahnte ich ihn, obwohl ich mir nicht sicher war, ob er überhaupt Ohren hatte und

mich verstand. Offenbar nicht, denn er sauste weiter, klar, er brauchte Auslauf. Ich ließ ihn also eine Weile, natürlich ohne ihn aus den Augen zu lassen, und stellte fest, dass Schildkröten viel schneller und wendiger waren, als ich es ihnen zugetraut hatte!
„Klar, sind doch keine Schnecken!", erklärte mir am nächsten Tag Heidrun lachend. „Die sind ganz schön schnell, und wenn du nicht aufpasst, dann sind sie weg und du fängst an zu suchen!"

Rudi fühlte sich also heimisch bei uns im Büro und Dr. Brömmstetter duldete ihn, auch wenn ihm das ständige Kommen und Gehen der anderen Mitarbeiter in meinem Büro ziemlich auf die Nerven ging. Das erkannte ich daran, dass er meist die Tür geschlossen hielt, was sonst nicht seine Art war. Vielleicht lag es aber auch an den pubertären Auswüchsen seiner Töchter, die ihn morgens schon mit schlechter Laune ins Büro kommen ließen. Er störte sich jedenfalls nicht an Rudi und Rudi nicht an ihm. Leider wurden meine Kollegen auch von Tag zu Tag sicherer im Umgang mit Rudi. Während sie am ersten Tag noch alle leise und vorsichtig waren, begrüßten sie ihn nun schon lauthals von der Tür aus, stürmten auf seinen Karton zu und streichelten ihn. Unkontrollierte Fütterungen hatte Heidrun mittels Rundmail verboten und jedem, den sie dabei erwischte, angedroht, dass sie ihn mit sofortigem Streichelverbot belegen würde. Das zog. Zumindest bei den meisten. Aber da sie sich sonst nicht zurückhalten konnten, nahmen sie ihn und ließen ihn gern mal hin und her laufen und ich hatte wirklich nicht die Zeit, jeden Handgriff zu überwachen, weil ich mit unserer jährlichen Adventsfeier beschäftigt war. Unserem Chef waren abendliche Veranstaltungen mit den Kollegen eher unangenehm, deshalb hatte er es zur Regel erklärt, dass wir keine groß angelegten Weihnachtsfeiern ausrichteten, sondern uns einmal im Jahr im Dezember zum Nachmittagskaffee trafen. Etwa dreißig Kollegen drängten sich dann in unseren kleinen Konferenzraum, und mir oblag es, für Kaffee, alkoholfreien Punsch und Gebäck zu sorgen.

„Mehr nicht, sonst wird das zu aufwändig für Sie!“, hatte Dr. Brömmstetter angewiesen. Auf die von ihm angeregten Pappteller und Plastikbecher verzichtete ich dennoch, schon der Umwelt zuliebe. Zudem besaßen wir ausreichend Geschirr und eine Spülmaschine, die ich zwar einzuräumen gedachte, deren Ausräumen – so mein Plan – am nächsten Morgen gern derjenige übernehmen durfte, der mich zuerst wegen Rudi nervte.

Ich lief also ständig zwischen meinem klingelnden Telefon und dem Konferenzraum hin und her, mit Zwischenstopp in der Küche, dekorierte und tafelte auf. Da ich bereits gegen zehn damit angefangen hatte und unsere Veranstaltung erst am Nachmittag stattfinden würde, lag ich sehr gut in der Zeit. Und ab und zu unterstützte mich sogar ein netter Kollege, indem er mein klingelndes Telefon übernahm, weil er ohnehin wegen Rudi in meinem Büro rumstand. Als ich fertig war und in mein Büro zurückkehrte, war es überraschenderweise leer. Die Tür zum Chefbüro war zu und ich genoss einen Augenblick der Stille. Nicht mal Rudi raschelte in seinem Karton. Sonst hörte ich ihn meist in seinem Karton herumlaufen, irgendwas zur Seite schubsen oder scharren. Doch nun war gar nichts zu hören. Nach ein paar Sekunden der Entspannung machte mich diese ungewohnte Stille dann doch nervös und ich schaute in Rudis Karton. Doch der war leer! Kein Rudi, selbst unter dem von Heidrun so liebevoll drapierten Heuhaufen in der Mitte saß er nicht. Das durfte doch nicht wahr sein?! „Rudi?“, rief ich und ahnte, dass er wohl kaum ‚hier‘ schreien würde. Ich hockte mich hin und begann unter allen Schränken nachzusehen: Nichts. Auch unter dem Schreibtisch krabbelte er nicht herum und selbst der Papierkorb stand unberührt in der Ecke. Ich ging sogar so weit, ihn auszuleeren und nachzuschauen, doch Rudi fand ich nicht. Ich merkte, wie mein Puls sich beschleunigte! Wo war dieses kleine Biest nur hingekrabbelt? Andererseits, war er wirklich in der Lage, allein aus dem Karton zu entkommen? Eigentlich nicht! Es sei denn, jemand hätte ihn nicht wieder hinein gesetzt, sondern wäre abgelenkt worden und aus dem Büro gegangen! Siedend heiß fiel mir ein, dass meine Bürotür offen stand, als ich vorhin zurückgekommen war. Damit standen Rudi sämtliche Fluchtwege offen! Ich zwang mich zur Ruhe. Vielleicht, so meine vage Hoffnung, hatte sich Heidrun ja ihren Rudi geholt? Mit zitternden Knien machte ich mich auf den Weg in ihr Büro, zur Tarnung nahm ich eine Unterschriftsmappe mit, doch sie war nicht an ihrem Platz, Rudi natürlich auch nicht. Das ganze Büro war leer, auch ihre beiden Zimmergenossinnen waren ausgeflogen. Okay, dachte ich, dann muss ich ihn eben allein suchen. Weit kann er ja nicht gekommen sein! Andererseits fiel mir ein, wie schnell er laufen konnte, wenn er einmal die Gelegenheit dazu hatte. Ich suchte den ganzen Flur ab, schaute hinter dem Kopierer im Gang nach und inspizierte die Küche. Danach alle Büros, deren Türen offen standen. Natürlich fiel mein Verhalten auf, aber ich improvisierte gekonnt: „Ich zähle nur schnell wegen nachher durch!“, beruhigte ich die Kollegen. Eine Panik angesichts von Rudis Verschwinden wollte ich nun nicht auslösen. Außerdem fand ich die Vorstellung, dass zwanzig oder mehr Kollegen gleichzeitig losstürmten, um eine entwischte Schildkröte von der Größe einer Untertasse zu suchen, auch nicht hilfreich. Das würde nicht nur Heidrun in Panik versetzen, sondern auch meinen ohnehin schon übellaunigen Direktor auf den Plan rufen. Ich suchte also das ganze Bürogebäude ab, zum Glück war es nur zweigeschossig und der Fahrstuhl seit ein paar Tagen außer Betrieb. Im Treppenhaus fand sich Rudi auch nicht, aber im Erdgeschoss machte ich eine Entdeckung, die mein Herz fast zum Stillstand brachte: Die Eingangstür stand offen und Frau Riese war in der Pause! Damit konnte Rudi überall sein, vor allem draußen, was für eine Griechische Landschildkröte bei Minusgraden und fünf Zentimeter Neuschnee keine gute Idee war. Der kleine Kerl war doch so temperaturempfindlich, dass Heidrun extra exakte Vorkehrungen traf! Ich lief vor die Tür und schaute mich um. Dass ich keinen Mantel trug, fiel mir erst auf, als mich Herr Brender, ein Kollege kurz vor dem Ruhestand und nicht für seine Gesprächigkeit bekannt, erstaunt anschaute. Ich bemerkte ihn zu spät, sonst hätte ich mir etwas Passendes einfallen lassen, aber ich war damit beschäftigt, die Tierspuren im Schnee neben dem Fußweg anzustarren, wobei ich mir aber gar nicht klar war, wie Rudis Fußabdrücke im Schnee aussehen könnten.

„Suchen Sie was?“, fragte Brender plötzlich. „Ach, Sie interessieren sich auch für Tierspuren! Also das hätte ich nicht gedacht, Frau Köster!“

Brender strahlte mich an, das hatte er noch nie getan! Normalerweise bekam er mehr als einen genuschelten Gruß nicht über die Lippen, ganze Sätze hörte ich von ihm jedenfalls selten.

„Na ja, Herr Brender, ich bin mir nicht sicher, was das ist. Mein Noah der hat da gerade so eine Phase“, redete ich mich raus.

„Also das hier!“, Brender zeigte auf ein paar Abdrücke direkt vor uns, „waren eindeutig Vögel. Vermutlich Spatzen, davon gibt es hier Dutzende. Vielleicht auch eine Kohlmeise oder ein paar Tauben. Hier drüben war Schnurri unterwegs!“

„Schnurri?“, hakte ich nach.

„Ja, die weiß-braun getigerte Katze, die hier immer rumstreift. Sie haben sie bestimmt schon gesehen. Ich füttere sie regelmäßig. Wenn meine Frau keine Katzenhaarallergie hätte, würde ich sie glatt mitnehmen. Aber sie ist ja ohnehin keine Wohnungskatze und einen Garten haben wir nicht!“

So viel hatte ich über Brender in den letzten neun Jahren nicht herausgefunden, wie er mir nun binnen weniger Minuten erzählte. Ganz offensichtlich war er sehr tierlieb und taute bei diesem Thema auf.

„Ja, Nassfutter ist im Winter schlecht!“, erzählte er mir. „Ich streue Trockenfutter aus, weil sie leider nicht aus einem Napf fressen will. Aber das Trockenfutter holen sich auch manchmal die Vögel oder ein Marder.“

Bei dem Stichwort ‚Marder‘ gingen bei mir wieder sämtliche Alarmglocken an. Marder waren Fressfeinde von Schildkröten, so viel hatte ich mir von Heidruns Ausführungen gemerkt.

„Ich glaube, ich hole mir doch meinen Mantel!“, sagte ich und rannte ins Büro zurück. Leider war Rudi noch nicht wieder aufgetaucht, selbst wenn ich mir das während des Treppenhochsausens inständig gewünscht hatte. Der Karton war leer. Ein grauenhafter Anblick. Schnell schnappte ich mir meinen Mantel und zur Tarnung die Autoschlüssel, falls mich jemand fragen würde, hatte ich eben was holen wollen. Dann lief ich wieder nach draußen. So unauffällig wie möglich inspizierte ich die Büsche um unser Bürogebäude und dann den Parkplatz, Rudi war unauffindbar. Hoffentlich hatte ihn nicht wirklich ein Marder erwischt! Nach einer guten halben Stunde sah ich ein, dass das so keinen Sinn hatte. Ich lief zurück ins Büro und stieß prompt mit Heidrun zusammen, die sich gerade etwas zum Mittag holen wollte.

„Soll ich dir was mitbringen?“, fragte sie freundlich.

„Nein, lass mal, ich hab gar keinen Hunger!“, lehnte ich ab und wagte es kaum, ihr in die Augen zu sehen. Meine Güte, wie sollte ich ihr nur erklären, dass Rudi mir entwischt war? Auch wenn ein kleines Teufelchen mir ins Ohr flüsterte, dass ich nun wirklich nichts dafür konnte, ich hatte ihn ja nicht selbst irgendwo ausgesetzt, ich fühlte mich für den kleinen Kerl verantwortlich. Er hatte in meinem Büro Asyl gefunden, also war ich wohl auch für seine Sicherheit verantwortlich! Resigniert warf ich einen letzten Blick in den Karton – leer. Immer noch. Dann riss mich das Telefon aus meinen trüben Gedanken.

„Klar, der Chef ist da – Moment bitte!“, antwortete ich mit gewohnt geschäftsmäßiger Stimme. Ich drückte aufs Knöpfchen, doch mein Chef nahm nicht ab.

„Einen Moment bitte noch!“, erklärte ich der Anruferin und versuchte es erneut. Wieder nichts. Das durfte doch nicht wahr sein! Dank geschlossener Tür konnte ich nicht mal sehen oder hören, ob Dr. Brömmstetter an seinem Schreibtisch saß. Jetzt war der mir wohl auch noch entwischt! So was Blödes aber auch! „Entschuldigen Sie, Frau Bauer, aber er muss mir entwischt sein, als ich kurz am Kopierer war!“, bat ich sie um Verständnis. „Ich rufe Sie schnellstmöglich zurück!“, versprach ich und legte auf. Dann lehnte ich mich zurück und massierte mir meine Schläfen. Jetzt bekam ich auch noch Kopfschmerzen! Vielleicht, so das Teufelchen in meinem Kopf, sollte ich einfach nach Hause gehen?

Natürlich tat ich das nicht, stattdessen schaute ich pflichtschuldig im Kalender nach, ob mir vielleicht ein Auswärtstermin entgangen war, doch dem war nicht so. Wäre es nach dem Kalender gegangen, müsste mein Chef in seinem Büro über den Quartalszahlen sitzen! Ich ging zur Tür und spitzte die Ohren. War da nicht was? Egal, ich klopfte kurz, dann trat ich ein – und blieb wie angewurzelt stehen!

„Ach, Frau Köster, Sie sind zurück!“, stellte Dr. Brömmstetter erstaunt fest und schaute mich freundlich an. „Sind Sie mit den Vorbereitungen fertig? Oder brauchen Sie noch Hilfe?“

Ein Teil meines Gehirns registrierte durchaus, dass mein Chef erstens bestens gelaunt war und mir zweitens tatsächlich höchstselbst Hilfe angeboten hatte; der weitaus größere Teil versuchte jedoch zu verarbeiten, was sich da auf seinem Tisch abspielte! Dort saß nämlich Rudi! Mein vermisster, überall gesuchter Rudi! Und mampfte fröhlich an einem Raukeblatt herum!

„Der kleine Kerl ist wirklich putzig!“, verkündete mein Chef nun. „Und so friedlich! Schauen Sie nur mal, wie ihm mein Lunchpaket schmeckt, ist das nicht großartig! Meine Frau hat mich auf Diät gesetzt und gibt mir nur noch solches Grünzeug mit, zusammen mit Knäckebrot, grauenhaft, aber dem Kleinen hier, dem schmeckt das!“

Ich lehnte mich an den Türrahmen. Das durfte nicht wahr sein! Ich suchte das ganze Haus, den Parkplatz und die halbe Nachbarschaft ab – und Rudi saß bei meinem Chef auf dem Schreibtisch! Und Dr. Brömmstetter, dem die Quartalszahlen so heilig waren, dass er sich extra Zeit dafür im Kalender blockierte, fütterte ihn ausgiebig und spielte mit ihm!

„Nun gucken Sie nicht so, Frau Köster!“, lachte mein Chef. „Ich hätte nie gedacht, dass mich so eine Schildkröte begeis-

tern kann. Ich hab mal Schildkröten gegoogelt! Also, was man da nicht alles für Informationen finden kann, Sie glauben es kaum!"
Oh doch, ich glaubte ihm das sofort! Schließlich hörte ich seit Tagen nichts anderes mehr. „Vielleicht!", hörte ich Dr. Brömmstetter laut überlegen, „schenke ich den Mädchen auch eine Schildkröte! Das beruhigt sie vielleicht!"
„Wenn nicht, beruhigt es vielleicht Sie und Ihre Frau!", entfuhr es mir. Zum Glück so leise, dass er es sicher nicht gehört hatte. Nein, diese Vorstellung hier wurde mir jetzt wirklich zu viel. Ich musste mich auf das Wesentliche konzentrieren: Rudi war gesund und in Sicherheit! Und was Dr. Brömmstetter, Heidrun, Tommy und das ganze Schildkröteneinrichtungszeugs betraf, so war das nun wirklich nicht meine Sache!
Ich nahm das kleine gerahmte Bild von Noahs letztem Schulausflug zur Hand, dass immer auf meinem Schreibtisch stand. Ein süßer, blonder Fratz mit Sommersprossen und schelmischen Grinsen schaute mich an. Ja, ich hatte wirklich Glück, und das war doch am Ende das Wichtigste überhaupt!

Eine Weihnachtsüberraschung auf vier Pfoten

„Tut mir echt leid, Schatz!" Tim beugte sich über den Frühstückstisch und hauchte mir einen Kuss auf die Wange. „Das war wirklich nicht geplant. Verflixte Grippewelle aber auch! Bist du sicher, dass du nicht doch wenigstens zum Kaffeetrinken zu deinen Eltern fahren willst? Ich komme dann nach, Bernd wohnt da ganz in der Nähe, der kann mich absetzen und ich fahre zurück? Was hältst du davon?"
Allein Tims Bemühungen, mir den letzten Adventssonntag – wieder ohne ihn – doch noch schmackhaft zu machen, trieben mir fast die Tränen der Rührung in die Augen. Wir waren seit etwas mehr als drei Jahren verheiratet, kannten uns aber fast doppelt so lange. Und, wir waren noch heute verliebt wie am ersten Tag, auch wenn sich unser größter Wunsch, endlich ein eigenes Baby, auch im zu Ende gehenden Jahr nicht erfüllt hatte. Wieder nicht, wie ich heute nach dem Aufstehen feststellen musste. Dabei war ich dieses Mal fast schon sicher gewesen! Ich verscheuchte schnell die hässlichen Gedanken, die auch die allerkleinste aufkeimende Vorweihnachtsstimmung im Keim erstickten. Stattdessen blickte ich in Tims besorgtes Gesicht.
„Und dann auch noch Spätdienst!", stöhnte er. Mein Mann war Polizist mit Leib und Seele.
„Gerechtigkeit ist mir wichtig und ich will, dass keiner mit einem Verbrechen davonkommt. Das haben die Opfer einfach

nicht verdient, egal ob arme, alte Oma, der man die Handtasche geklaut hat oder der Millionär, dem man die Villa ausräumt. Das ist ja das Schöne: Vor dem Gesetz sind alle gleich!", hatte er mir schon kurz nach unserem Kennenlernen erzählt. Ich arbeitete seit meiner Ausbildung als Sachbearbeiterin, war für Rechnungen und Bestellungen zuständig, Zahlenkram eben. Nicht besonders spannend, dafür war mein pünktlicher Feierabend fast garantiert, zumindest dann, wenn nicht gerade Jahresabschluss war. Karrieretechnisch hatte ich keine großen Ambitionen, ich engagierte mich stattdessen lieber für soziale Projekte, insbesondere Kinder und der Tierschutz lagen mir am Herzen.

„Warum suchst du dir nicht was in dem Bereich?", hatte mir mein Mann oft vorgeschlagen. „Dann würdest du das, was du liebst, den ganzen Tag tun können und würdest sogar noch dafür bezahlt werden!"

„Schlecht bezahlt!", erinnerte ich ihn. „Die meisten Einrichtungen leben von Ehrenamtlichen und Freiwilligen oder Praktikanten. Und selbst wenn sie doch mal jemanden einstellen, für halbtags höchstens, ist die Bezahlung grauenhaft!"

„Ich verdiene doch genug!", war seine Standardantwort. Und meine war, dass ich auf unseren Komfort, den wir uns erarbeitet hatten, am Ende doch nicht verzichten würde. Nur für ein Kind, dafür hätte ich auf alles verzichtet. Jedoch wäre das in meiner Firma, einem Großkonzern, kein Problem, ich könnte ganz normal in Mutterschutz und Elternzeit gehen und danach Teilzeit anfangen, wie es andere Kolleginnen auch taten. Es scheiterte nur daran, dass ich einfach nicht schwanger wurde.

„Ich bleibe einfach hier und hänge ein bisschen vor dem Fernseher ab!", sagte ich und versuchte, dabei so optimistisch und fröhlich zu klingen wie möglich.

„Fahr doch zu deinen Eltern!“, bat Tim. „Dann hätte ich wenigstens kein schlechtes Gewissen, weil du allein bist!“
„Ich mag nicht!“, gab ich zu und Tim nickte.
„Verstehe, Franziska und Falko kommen sicher auch und bringen Anna-Lena und Marvin mit. Und dann noch die Siebenmonatskugel deiner Schwester, das willst du dir nicht antun.“
Ich nickte und kämpfte gegen die aufsteigenden Tränen.
„Hey, das klappt schon noch!“, versuchte mich Tim irgendwie zu trösten. „Weißt du, wir dürfen das nicht so verkrampft angehen. Wir müssen mal wieder raus, Urlaub vielleicht? Oder den Babywunsch für ein Jahr ad acta legen. Bei Bernd hat das auch geklappt!“
„Schon“, gab ich zu und griff nach meinem Taschentuch. „Aber seine Frau ist gerade mal dreißig geworden! Ich bin achtunddreißig, in vier Monaten werde ich neununddreißig, die Uhr tickt!“
„Aber es wird auch nicht besser, wenn du dir so einen Stress machst!“, argumentierte Tim, typisch Mann eben. „Davon wirst du auch nicht jünger, ich übrigens auch nicht, und schwanger wirst du davon ebenfalls nicht! Hast du eigentlich schon mal an mich gedacht?“ Tim guckte mich auffordernd an. Ehe ich einen Schreck kriegen konnte, sagte er mit theatralischer Stimme: „Ich werde im April vierzig! Weißt du, wie sich das anfühlt?“
So wie er es aussprach, musste ich einfach lachen. Zum Glück war Tim wirklich kein Mann, der aus allem eine große Sache machte, und sein runder Geburtstag in ein paar Monaten ließ ihn ziemlich kalt, da war ich mir ganz sicher. Für ihn war man so alt, wie man sich fühlte, alles andere war nur eine Zahl auf der Geburtsurkunde. Und im Grunde stimmte ich ihm ja auch zu, wenn mich nicht die regelmäßigen Besuche bei meiner

Frauenärztin jedes Mal auf den Boden der Tatsachen zurückholen würden.
„In Ihrem Alter ist das nicht mehr so einfach mit dem Schwangerwerden!“, predigte sie mir gern. „Ab Fünfunddreißig reden wir von Risikoschwangerschaften! Auch wenn einem heutzutage in den Medien gern suggeriert wird, dass Kinderkriegen mit Fünfzig noch problemlos möglich ist!“
Ich konnte ihr Gerede schon fast nicht mehr ertragen und überlegte ernsthaft, den Arzt zu wechseln. Allein das diffuse Gefühl, sie könne ja doch Recht haben, hinderte mich daran.
„Weißt du, ich erhole mich heute erst mal von der Enttäuschung und sammle für Heiligabend Kräfte. Da werde ich wohl oder übel meine Eltern besuchen müssen. Und ehrlich, ich freue mich ja mit Franziska, von ganzem Herzen!“
„Das weiß ich doch, Schatz. Und Franzi weiß das auch. Bevor sie dir gesagt hat, dass sie wieder schwanger ist, hat sie nicht nur deine Eltern gefragt, wie sie es dir beibringen soll, sondern sogar mich auf der Dienststelle besucht. Franzi! In ihrem kunterbunten Hippiekleidchen und mit den beiden Kleinen an der Hand, die haben vielleicht geguckt!“
Unweigerlich musste ich lachen, Ja, meine Schwester war schon sehr speziell was ihren Kleidungsstil betraf. Unverwechselbar eben, aber auch die liebste Schwester, die man sich denken konnte. Und ihre beiden Kinder, Anna-Lena, vier Jahre, und Marvin, gerade zwei geworden, waren zuckersüß. Ich hing an den beiden und sie an mir. Trotzdem gab es mir jedes Mal einen Stich, wenn sie ihre Mama riefen und sich bei erstbester Gelegenheit in Franzis Arme flüchteten. Und an Heiligabend würden sie natürlich auch zu meinen Eltern kommen, ein Zusammentreffen ließ sich nicht vermeiden. Leicht fiel mir das trotzdem nicht und heute hatte ich schon gar keine Lust darauf.

„Mach dir keine Sorgen!“, sagte ich also leichthin zu meinen Mann. „Lass dich bitte nicht verletzen und buchte ein paar böse Buben ein. Und komm einigermaßen pünktlich nach Hause!“
Tim gab sich geschlagen, und als er nach dem Mittag aufbrach, legte ich mich erst einmal aufs Sofa. Ich brauchte kein Fernsehen und kein Radio, ich liebte die Stille, die sich vor allem Sonntagnachmittags in unserem ruhigen Mietshaus ausbreitete. Die meisten Mieter waren schon älter, wir waren mit Abstand die Jüngsten. Kleine Kinder gab es auch nicht, nur die Nachbarn hatten ein Wellensittichpärchen, das besonders im Sommer ganz schön Krach machen konnte. Aber die waren schon letzte Woche verreist und hatten ihre beiden Schreihälse auswärts untergebracht. Ich schloss die Augen und genoss die Stille.
Irgendwann, so meine stille Hoffnung, würde ich doch noch schwanger werden. Ich war wirklich kein ausgesprochen geduldiger Mensch. Selbst Mama war der Meinung, dass der liebe Gott mich mit vielen Talenten gesegnet hatte, dass jedoch Geduld nicht dazu gehörte.
Ich war gerade dabei, ein wenig einzuschlafen, als es an der Tür schellte. Ich brauchte ein paar Sekunden, bis ich in die Realität zurückfand, da schellte es ein zweites Mal. Ich griff sofort nach dem Hörer der Gegensprechanlage.
„Hallo?“, fragte ich, erhielt jedoch keine Antwort. Dann warf ich einen Blick durch den Spion. Vor der Tür stand eine Reisetasche – ziemlich bunt und abgegriffen, ich erkannte sie sofort. Sie hatte einmal mir gehört, vor langer Zeit, fast schon in einem anderen Leben.
Zaghaft öffnete ich die Tür und noch ehe ich die Tasche genauer betrachten konnte, merkte ich, dass sich in ihr etwas bewegte. Dann streckte sich mir auch schon eine hechelnde

Hundeschnauze entgegen. Unten hörte ich die Haustür ins Schloss fallen, doch darauf reagierte ich gar nicht. Stattdessen hatte ich Mühe, meine Gedanken zu sortieren, so überrascht war ich.

„Pinky?“, fragte ich und zog den Reißverschluss vollständig auf. Mit einem Satz war der weiß-gescheckte Mischling draußen und begann mich abzuschlecken. Er sprang immer wieder an mir hoch und freute sich sichtlich.

„Mein Gott, Pinky, dass du mich noch erkennst!“

Ich knuddelte sie ab und natürlich ließ ich sie nicht vor der Tür stehen. Pinky inspizierte erst einmal jedes Zimmer, schnüffelte in jeder Ecke herum und kam immer wieder zu mir zurück gelaufen. Sie sprang an mir hoch, leckte meine Finger und schnüffelte dann weiter. Es dauerte eine Weile, bis sie sich wieder beruhigt hatte.

„Ja, mehr Zimmer haben wir nicht!“, erklärte ich meinem unangemeldeten Besucher lachend. Pinky stand schwanzwedelnd vor dem Sofa im Wohnzimmer und schaute mich erwartungsfroh an. Ich wurde immer ratloser.

Pinky und ich waren alte Bekannte. Es war gut sechs Jahre her, dass ich sie zum letzten Mal gesehen hatte. Damals, in dem Leben, das ich hatte, bevor ich Tim kennenlernte.

„Ja, wo hast du denn die Sabrina gelassen?“, fragte ich Pinky. Bei der Nennung dieses Namens wedelte Pinky erneut aufgeregt mit dem Schwanz. Erst jetzt kam ich auf die Idee, mir die Reisetasche genauer anzusehen. Und richtig – in der Vordertasche steckte ein Brief. Ich schluckte schwer, als ich die Handschrift erkannte. Er war von Sabrina, die meine beste Freundin gewesen war, bis sich unsere Wege vor sechs Jahren schmerzhaft trennten.

Ich legte den Brief auf den Couchtisch, wohl wissend, dass ich ihn nicht lange ignorieren würde. Aber ich brauchte erst einmal einen Kaffee. Und Pinky hatte sicher auch Durst. Erst jetzt fiel mir ein, dass ich keineswegs auf einen Hund eingestellt war, denn etwas Hundetaugliches zu fressen hatte ich gar nicht im Haus. Und ich kannte blöderweise auch niemanden, der einen Hund hatte. Ich überlegte schon, zur Tankstelle zu fahren, als Pinky mir ihre Reisetasche anschleppte. Unten drin lagen ein paar Dosen Hundefutter, Pinkys Lieblingssorte, wie ich mich erinnerte. Sabrina hatte offenbar an alles gedacht. Ich machte mir einen Kaffee, stellte Pinky ein Schälchen Hundefutter und Wasser hin, dann setze ich mich auf die Couch und starrte den Brief an. Es dauerte nicht lange und Pinky machte einen Satz auf meinen Schoß, wo sie sofort ihr Köpfchen ablegte und mich erwartungsvoll anstarrte. Klar, sie wollte gekrault werden. Fast schon automatisch führte meine Hand die gewünschten Kraulbewegungen aus, während ich mit der Linken zu dem Brief auf dem Tisch griff. Was hatte das zu bedeuten? Warum brachte mir Sabrina unsere Pinky vorbei? Ob etwas passiert war? War sie krank, konnte sie sich nicht mehr kümmern? Ich stockte kurz und Pinky bedeutete mir durch zärtliches Anstupsen, dass ich bitteschön weitermachen sollte. Also setzte sich meine rechte Hand wieder in Bewegung. Ich starrte den Brief immer noch an, eine gefühlte Ewigkeit lang. Dann atmete ich tief durch und öffnete ihn mit beiden Händen, was mir einen neuerlichen Stupser von Pinky einbrachte.

Der Brief begann mit „Liebe Laura, bitte verzeih, dass ich dir Pinky so einfach vor die Tür stelle, aber ich weiß nicht, wie ich dir sonst klar machen soll, dass ich es ernst meine. Es tut mir so leid, wie ich mich damals verhalten habe …“
Ich hatte schon wieder aufgehört, Pinky zu kraulen, nun

stupste sie mich an, um meine Aufmerksamkeit zu erlangen.
„Ist ja schon gut, Süße!“, flüsterte ich und merkte, wie mir die Tränen übers Gesicht liefen. Mein Gott, saß der Schmerz wirklich noch so tief? Ich dachte wirklich, ich wäre über die Enttäuschung längst hinweg, es war ja schließlich niemand gestorben oder so. Es war doch nur eine Freundschaft, die damals auseinandergebrochen war, mehr nicht. Trotzdem konnte ich die Tränen einfach nicht stoppen, so sehr ich mich auch bemühte. Im unpassendsten Moment klingelte nun auch noch mein Handy – Tim.
„Was ist passiert, Schatz, warum weinst du?“, fragte er sofort. Er hörte es mir an, dem Mann blieb wirklich nichts verborgen. Normalerweise schätzte ich das auch sehr, doch nun zog er natürlich die völlig falschen Schlüsse.
„Nein, nein!“, unterbrach ich mit immer noch tränenschwacher Stimme. „Es ist überhaupt nicht so, wie du denkst! Ich habe nur überraschend Besuch bekommen – von Pinky!“
Tim stutzte einen Moment, natürlich hatte ich ihm die Geschichte längst erzählt. „Und ist deine Freundin nicht mitgekommen?“, fragte er dann.
„Nein, sie hat mir nur Pinky vorbei gebracht, weil sie ja uns beiden gehört und vorgeschlagen, dass ich ihn für den Rest seines Hundelebens behalte. Sie hat sogar ein tierärztliches Attest beigefügt, aus dem hervorgeht, dass Pinkys Gesundheitszustand bestens ist!“
„Und warum hat sie das getan?“, fragte Tim immer noch verwirrt.
„Sie hat mir einen langen Brief geschrieben!“, flüsterte ich. Die Tränen kamen wieder.
„Soll ich kommen?“, fragte Tim sofort.
„Nein, lass mal, ich beruhige mich schon wieder. Ist ja nichts

Schlimmes, wirklich. Ich muss den Brief noch mal lesen. Bis du heute Abend kommst, habe ich mich wieder im Griff, versprochen!“

„Gut“, meinte Tim. „Und wenn du den Hund behalten willst, von mir aus, Schatz, das weißt du, ja?“

„Ja, danke. Ich liebe dich!“ Dann legte ich auf. Ich nahm wieder Sabrinas Brief zur Hand und während ich begann, Pinky über ihr weiches Fell zu streicheln, kamen die Erinnerungen zurück. Sabrina und ich kannten uns seit der Grundschule, waren immer beste Freundinnen gewesen, später zogen wir sogar ins gleiche Haus.

„Ich denke noch heute an den Abend, an dem wir Pinky gefunden haben, weißt du noch? Es war im November, uns war furchtbar kalt und wir kamen gerade von so einer Landdisco zurück, die uns Constanze, deine Kollegin, so ans Herz gelegt hatte. Der Abend war der Reinfall des Jahrhunderts, erinnerst du dich? Die Landstraße war stockfinster, trotzdem haben wir die Kleine fast gleichzeitig gesehen, wie sie wimmernd am Straßenrand lag: Ein kleines Bündel Hund, nur ein paar Wochen alt und viel zu früh von der Hundemama getrennt …“

Meine Hand fuhr wieder über Pinkys Kopf. Ja, ich erinnerte mich. Es war wirklich kalt gewesen. Und diese braunen Knopfaugen hatten sich uns beiden damals tief ins Herz gebrannt! Wir hatten angehalten, uns das kleine Hundchen geschnappt und sind sofort in die Stadt gedüst, ohne Rücksicht auf Tempolimit und dergleichen hatte Sabrina direkt die Tierklinik angesteuert. Zum Glück war da auch wirklich ein Notdienst gewesen, der sich unseres Findelkindes angenommen hatte. Wir hatten sie spontan Pinky getauft, nach dem kleinen, weißen Pudel unserer Grundschullehrerin, in den wir damals so vernarrt gewesen waren. Ich hörte den Arzt heute noch

sagen: „Der Kleinen müssen Sie aber noch die Flasche geben wie bei einem Baby! Alle paar Stunden!"
Sabrina hatte erschreckt geguckt und am Ende war ich es, die Pinky mit der Flasche gefüttert hatte. Es war eine Heidenarbeit, ihr später das Gassigehen beizubringen! Da Sabrina in Schichten arbeitete, sie hatte ihren Traumberuf Krankenschwester ergriffen, bot es sich an, die Betreuung zwischen uns aufzuteilen. So wohnte Pinky mal hier und mal da, hatte überall ihr Hundekörbchen und ihr Spielzeug. Und sie hing mit all der Liebe, zu der so ein kleines Hundeherz wohl fähig ist, an uns beiden und machte keinen Unterschied in ihren Liebesbezeugungen.
Von mir aus hätte es ewig so weitergehen können, doch dann verliebte sich Sabrina. Plötzlich war sie es, die es kaum abwarten konnte zu heiraten und eine Familie zu gründen, während früher ich immer diejenige war, die davon träumte. Doch mein Traummann ließ auf sich warten. Jede Beziehung war nur von kurzer Dauer und ich sortierte die Kandidaten auch immer schnell aus, wenn ich merkte, dass es nicht so passte, wie ich es mir vorstellte. Ihr Franco war ein feuriger Spanier, ein Assistenzarzt, den sie in der Klinik kennengelernt hatte, und er beanspruchte schon bald ihre gesamte Zeit. Für Pinky und mich blieb da nicht mehr viel übrig.
„Aber die Amerikareise, die machen wir zusammen!", versprach sie mir immer wieder. Auch wenn ich Zweifel äußerte, beteuerte sie, dass sie nichts anderes vorhabe und Franco damit auch vollkommen einverstanden wäre. „Ich bin doch nicht sein Eigentum!", sagte sie immer wieder. Doch dann, nur zwei Wochen vor Reiseantritt, der große Knall: „Ich bin schwanger!", eröffnete sie mir. „Ich kann nicht mitkommen, bitte, Laura, sei nicht böse!"

Ich war nicht böse, ich war enttäuscht! Ich hatte zwei Jahre dafür gespart, mir vieles dafür verkniffen und jeden Cent zwei Mal rumgedreht. Ich verdiente zwar nicht so schlecht, aber meine Wohnung war einfach recht teuer für nur einen Verdiener. Zudem ahnte ich, dass ich spätestens dann, wenn das Baby erst mal da wäre, völlig abgemeldet wäre.
„Ich weiß, dass ich dich damals tief verletzt habe, Laura, und es tut mir wirklich unendlich leid. Heute würde ich anders handeln …“, las ich, während ich wieder nach dem Taschentuch griff. Eine abgesagte Reise wäre ja nicht mal die ganz große Katastrophe gewesen! Ich reiste zusammen mit einer Kollegin, die ich bis dahin nicht mal besonders gut kannte, und ersparte Sabrina so eine Menge Geld, denn Annika bezahlte ihr das Ticket und die Hotelübernachtung. Zudem machten wir schon auf dem Hinflug die Bekanntschaft von zwei ausgesprochen charmanten Herren: Tim und Sebastian. Und während Annika sofort mit Sebastian flirtete, was das Zeug hielt, ließ ich die Sache mit Tim langsam angehen. Wobei, so langsam dann auch wieder nicht, denn die beiden hatten keine wirklichen Pläne, nur ein Ticket hatten sie gebucht, und schlossen sich uns an. Am Ende der Reise hatte ich meinen Traummann jedenfalls gefunden. Doch als ich heimsauste, um mein Glück meiner besten Freundin zu erzählen, erlebte ich die böseste Überraschung meines Lebens!
„Ich weiß heute, dass es ausgesprochen unfair war, während deines Urlaubs einfach auszuziehen und Pinky mitzunehmen! Wie gemein das eigentlich war, dich da so allein in der Wohnung sitzen zu lassen, während ich mein großes Glück gefunden hatte, ist mir erst später aufgegangen …“
Ja, es war gemein. Und ich war am Boden zerstört, denn sie war nicht irgendwohin gezogen, sondern mit Franco nach

Madrid gegangen. Und sie hatte das bereits Monate zuvor geplant! Sie hatte mir vorher nichts gesagt, nicht ein Wort, obwohl sie genügend Gelegenheiten dazu gehabt hätte! Auf so eine Freundin konnte ich wahrlich gut verzichten, vielleicht schmerzte deshalb der Verlust von Pinky umso mehr. Ich hatte sie aufgezogen und dann war sie einfach weg – ich fühlte mich, als hätte man mir ein Stück meines Herzens herausgerissen, und genau das verstand eigentlich keiner so richtig.
„Es ist doch nur ein Hund!“, sagte sogar meine Mutter irgendwann. „Um eure Freundschaft tut es mir leid, ihr wart doch so lange die besten Freundinnen!“
Mir tat es nicht um unsere Freundschaft leid, ich fühlte mich verraten und sitzengelassen, ich weinte meiner Pinky hinterher. Tim war in der Zeit eigentlich der Einzige, der mir das Gefühl gab, mich zu verstehen. Und er bot sogar an, mir einen neuen Hund zu schenken.
„Es gibt so viele Tiere da draußen, die du lieben und verwöhnen könntest, du musst es mir nur sagen!“, hatte er mir angeboten.
Doch genau das wollte ich nicht. Für meine Pinky gab es keinen Ersatz. Und ich wollte auch nie wieder einen Hund haben. Ich fing mich wieder und kehrte zu meinem ursprünglichen Lebensplan zurück: einer wundervollen Partnerschaft und dem Mutterglück, das ich mir erträumte. Nach fünf Monaten zog Tim bei mir ein, wir wohnen bis heute in dieser Wohnung und schon lange denke ich nicht mehr als erstes beim Heimkommen daran, dass Sabrina früher direkt neben mir gewohnt hat. Tims Antrag ließ dann auch nicht mehr lange auf sich warten, unsere Hochzeit war der schönste Tag in meinem Leben, auch wenn Sabrina nicht dabei war, nur schwanger war ich bis heute leider nicht.

„Autsch!“ Pinky hatte mir leicht auf den Daumen gebissen, offenbar war ich so in Gedanken versunken, dass ich ihre vorherigen Versuche, meine Aufmerksamkeit zu erregen, gar nicht mitbekommen hatte. Ich kannte das noch von früher. Sie sprang hechelnd auf und lief Richtung Küche, wo sie mir ihren leergefutterten Napf zuschob.

„Ach, wir haben noch mehr Hunger!“, lachte ich. Auch das war ein altbekanntes Ritual. Sie schien sich kein bisschen verändert zu haben. Ich besah mir die Verpackung von ihrem Futter, nicht nur die gleiche Marke, sondern immer noch Hühnchen, ihre Vorlieben waren also auch gleich geblieben. Aus einem Impuls heraus stellte ich die Dose wieder weg, zu viel war schließlich auch nicht gut, und öffnete den Kühlschrank. Leberwurst mochten wir beide immer sehr gern, deshalb hatte ich auch immer welche im Haus, obwohl Tim lieber Teewurst mag.

„Na, Pinky, willst du?“, fragte ich.

Sie hechelte mich aufgeregt an und schnappte mir das Stückchen auch gleich aus der Hand.

„Ja, das schmeckt, mein Schatz!“

Ich knuddelte sie eine Weile und merkte, dass auch das sich wie früher anfühlte. Mit Pinky auf dem Arm ging ich zurück ins Wohnzimmer und nahm mir erneut Sabrinas Brief vor. Jetzt, nach zwei Mal lesen, wusste ich ja, was drin stand und konnte ihn erstmals komplett am Stück lesen.

„Bitte, Laura, es ist viel Zeit vergangen. Wir sind beide älter und reifer geworden. Franco und ich sind verheiratet, unser Ernesto ist schon fünf Jahre alt. Er fragt mich immer öfter, wer die hübsche blonde Frau auf den ganzen alten Bildern ist und dann sage ich ihm immer, dass das meine beste Freundin in Deutschland ist. Neulich fragte er dann, warum du uns denn nie besuchen kommst – da musste ich weinen. Ich würde wirklich alles darum geben, wenn ich diesen unsäglichen Fehler wiedergutmachen könnte! Du warst einmal der wichtigste Mensch in meinem Leben – bitte lass uns einen Neuanfang wagen. Auch wenn es vielleicht nicht mehr wie früher wird. Ich habe dein Vertrauen verloren, das verstehe ich heute. Würde mich jemand so im Stich lassen, ich würde wohl auch nichts mehr mit ihm zu tun haben wollen. Aber es ist mir so wichtig, dass du weißt, wie sehr du mir fehlst, wie sehr mir unsere Freundschaft fehlt, unsere Gespräche. Ich möchte wieder Teil deines Lebens sein und ich möchte, dass du auch wieder ein Teil meines Lebens bist. Vor allem aber möchte ich, dass du Pinky endlich wiederbekommst. Wir haben einmal gesagt, dass sie uns zu gleichen Teilen gehört. Ich denke, ich hatte meine Zeit mit ihr, meinen Teil – nun solltest du deinen Teil bekommen. Wenn du sie aus irgendeinem Grund nicht haben willst oder aufnehmen kannst und du mich nicht anrufen magst, meine Eltern wissen Bescheid. Sie haben immer noch die gleiche Nummer. Ich bin nur für ein paar Tage in Deutschland, meine Großmutter ist neunzig geworden – eine ganz große Familienfeier. Ernesto ist bei meinen Eltern, dort schlafe ich auch. Ich gehe nachher in die Johanneskirche zum Adventskonzert und danach warte ich noch bis acht in dem kleinen Café gegenüber …“

Ich legte den Brief beiseite. Es war schon dunkel geworden. Ich schaute auf die Uhr, das Adventskonzert lief noch und wie auf Kommando kam Pinky hinter mir angesprungen. Sie war unruhig und ich wusste auch warum: Sie wollte Gassi gehen!

„Na komm, Süße, ehe noch ein Malheur passiert!“, sagte ich und überlegte einen Moment, den Pinky nutzte, um mir ihre Leine anzuschleppen. Sabrina hatte wirklich an alles gedacht,

die Leine steckte im Außenfach und auch das war nicht ganz geschlossen, sodass Pinky sie mit etwas Mühe und dem ihr eigenen Temperament herauszerren konnte.
Ich warf mir meinen Mantel über und griff nach meiner Handtasche. Dann leinte ich Pinky an und sie sprang vor mir fröhlich die Treppen hinunter. Ich schlug nicht den Weg Richtung Johanneskirche ein, obwohl mir das in den Sinn kam. Stattdessen drehte ich mit Pinky ihre gewohnte Runde. Wie früher beschnupperte sie fast jeden Baum, zum Glück gab es in der Stadt davon nicht ganz so viele. Irgendwann trugen mich meine Füße dann doch Richtung Johannesplatz. Die barocke Kirche, die erst vor ein paar Jahren komplett saniert worden war, überragte das gesamte Viertel. Es waren nicht mehr viele Passanten unterwegs, nur ein paar andere Leute mit ihren Hunden. Wir nickten uns alle freundschaftlich zu, auch das war ganz wie früher. Mein Blick wanderte über die festlich geschmückten Fenster: überall Lichterketten und Schwibbögen. Dann wanderten meine Augen zur Kirchturmspitze und blieben an dem großen Kreuz hängen. Ich hörte den Chor das „Ave Maria“ anstimmen. In den Vorjahren war das immer das letzte Lied gewesen. Schon bald würden sich die Kirchentüren öffnen und die Konzertbesucher würden nach Hause strömen. Und mitten unter ihnen würde sich Sabrina befinden. Ob ich sie erkennen würde, fragte ich mich auf einmal. Pinky zerrte an meiner Leine, weil sie eine Katze entdeckt hatte.
„Lass die arme Miezekatze in Frieden!“ Während Pinky zu mir hochschaute, wurde mir klar, dass ich gar niemanden erkennen musste. Pinky würde Sabrina erkennen, so oder so. Egal wie sehr wir uns beide optisch verändert hatten, für diesen kleinen Hund spielte das keine Rolle.
Das „Ave Maria“ war vorbei und die ersten Besucher ström-

ten aus der Kirche. Mein Herz klopfte wie wild. Sollte ich wirklich bleiben? Oder schnell verschwinden, bevor Pinky die Witterung aufnahm und Sabrina unweigerlich vor mir stand? Wollte ich sie wiedersehen? Oder wollte ich weiterhin diesen Teil meines Lebens in einer Ecke tief in meinem Herzen verschließen? Mein Gott, warum fiel mir die Entscheidung bloß so schwer?

„Ich weiß nicht, was ich tun soll!“, flüsterte ich Pinky zu. „Aber du willst dich verabschieden, stimmt's?

Pinky hechelte leicht, dann hob sie plötzlich den Kopf und ich ahnte es, sie hatte Sabrina entdeckt. Gleich würde sie an der Leine zerren und dann gab es kein Zurück mehr. In meiner Tasche piepste mein Handy. Schnell warf ich einen Blick drauf.

„Was auch immer du tust, Schatz – ich liebe dich! Und ich fahre an der Tankstelle vorbei und besorge Hundefutter. Küsschen, Tim!“

Dann war es so weit – Pinky zog an der Leine. Egal wie das jetzt laufen würde, nachher würde ich nach Hause kommen und mit, Tim den Abend ausklingen lassen. Dem großartigsten Mann, den ich mir wünschen konnte. Und indirekt hatte ich ihn ja auch irgendwie Sabrina zu verdanken. Hätte sie den Urlaub nicht abgesagt,wer weiß, wie dann alles gekommen wäre! Tim war mein ganz persönlicher Hauptgewinn.

„Also los, Süße!“, sagte ich zu Pinky, die nur auf mein Stichwort gelauert hatte.

Ein Frettchen zum Knuddeln

„Und du bist sicher, dass du das hinkriegst?" Andreas merkte, wie Charlotte, seine achtjährige Tochter, ihn skeptisch musterte. Jetzt keine Schwäche zeigen, ermahnte er sich selbst, obwohl er am liebsten laut „Nein!" geschrien hätte. Kochen war wirklich nicht sein Ding. Früher hatte er nie gekocht, fiel ihm ein, ja, er wäre nicht mal auf den Gedanken gekommen, das zu versuchen. Schon gar kein Drei-Gänge-Menü an Heiligabend. Aber früher war vieles anders, früher war er noch mit Marion verheiratet, der Mutter seiner beiden Kinder. Während ihn Charlotte weiterhin kritisch beäugte, hörte er Simon im Wohnzimmer am Fernseher rumschalten. Marion würde ihm das jetzt sofort verbieten, es war schließlich Heiligabend und nicht irgendein beliebiger Nachmittag. Doch Marion war nicht hier und Andreas beschloss, Simon einfach machen zu lassen. Es war ohnehin schon schlimm genug für die beiden. Letztes Jahr im Sommer hatten er und Marion sich einvernehmlich getrennt, nach zehn Jahren Ehe. Sie hatten sich einfach in unterschiedliche Richtungen entwickelt, vielleicht ließ sich das gar nicht immer vermeiden. Auch wenn irgendwann in ihm die Erkenntnis gereift war, dass sie vielleicht doch beide früher etwas für ihre Ehe hätten tun sollen. Doch er hatte es laufen lassen, gehofft, dass die Probleme verschwinden würden und sich die Meinungsverschiedenheiten von allein gaben. Marion hatte das auch, und so hatten sie aufgehört, miteinander zu reden. Den Kindern zuliebe rissen sie sich zusammen, seit der Trennung hatten sie jedenfalls kein einziges Mal mehr gestritten. Nicht mal wegen Charlotte und Simon, die nun jedes zweite Wochenende bei Andreas verbrachten. Die halben Ferien auch und in diesem Jahr sogar das Weihnachtsfest. Auch das wollten sie sich teilen, das hatte zumindest Marion vorgeschlagen, nachdem sie letztes Jahr, der Kinder zuliebe, das Fest noch einmal gemeinsam verbracht hatten. Sie hatten nicht gestritten, rief sich Andreas noch einmal in Erinnerung, doch unangenehm war es trotzdem gewesen. Sie waren hölzern miteinander umgegangen, vorsichtig und bedacht, ja kein falsches Wort zu sagen.

„Das geht so nicht, das mache ich nicht jedes Jahr mit!“, hatte ihm deshalb Marion hinterher erklärt. „Ein Jahr sind sie Heiligabend bei dir, im nächsten bei mir. Das ist für alle Beteiligten das Beste! Denn irgendwann merken sie, dass es einfach nur unschön ist, und das will ich nicht. Ich will, dass sie Weihnachten mögen, das tun wir ja schließlich auch!“

Andreas hatte darauf verzichtet, Marion zu erklären, dass er auf gut zwei Drittel der üblichen Weihnachtsdekoration verzichten konnte, die sie jedes Jahr im Haus verteilte, aber sie wollten ja nicht streiten, also sagte er es nicht. Auch nicht, dass er Heiligabend lieber warm essen würde, so wie damals, bei seinen Eltern. Traditionell hatte Marion immer Kartoffelsalat gemacht. Und da er als Arzt bis in die frühen Morgenstunden hinein noch im Krankenhaus war, kam ein Ausflug zu seinen Eltern nicht infrage. Die lebten mittlerweile im Schwarzwald, bei seiner Schwester, gut sechs Stunden entfernt. Marion hatte ihm großzügig den Vortritt überlassen, was Weihnachten betraf, dafür gleich angemeldet, dass sie im nächsten Jahr dann gern mit den beiden Kindern über die kompletten Feiertage wegfahren wollte.

„Ich wollte das schon immer, aber das weißt du ja!“, hatte sie ihm unter die Nase gerieben. Er hatte Weihnachten nie Urlaub gehabt, es war einfach immer zu viel los, und als Oberarzt wollte er auch immer mit gutem Beispiel vorangehen und seinen Kollegen mit viel kleineren Kindern auch mal ein paar freie Tage über Weihnachten gönnen. Außerdem brachte er es auch oft nicht übers Herz, seine kleinen Patienten und ihre Eltern in ihrer Not allein zu lassen und einfach Feierabend oder Urlaub zu machen. Eine Charakterschwäche, die bei Kollegen und Patienten zwar sehr gut ankam, dem Familienleben aber nicht zuträglich war. Im Gegenteil, sie provozierte Enttäuschungen und am Ende seiner Ehe konnte er mit Gewissheit sagen, dass auch diese ungezählten Enttäuschungen, die Marion wegen seines Jobs hinnehmen musste, zum Scheitern der Ehe beigetragen hatten.

Einmal hatte er tatsächlich Urlaub geplant, aber da wurde ein Kollege krank und Andreas hatte leichtsinnigerweise angeboten einzuspringen. Marion musste die Reise stornieren und war stocksauer gewesen. Morgen, so war verabredet, würde er die Kinder am Abend zu Marion bringen. Dann wollte sie mit ihnen Weihnachten nachfeiern. Dass sie sich heute wirklich zurückhielt, rechnete er ihr hoch an. Doch das rettete ihn nun auch nicht vor der drohenden kulinarischen Katastrophe, denn das Hühnchen, das er nach den telefonischen Anweisungen seiner Mutter angebraten hatte, sah nicht im Entferntesten so aus, wie er es sich vorgestellt hatte. Und an die Soße wollte er noch gar nicht denken.

„Vielleicht solltest du Oma noch mal anrufen?“, schlug Charlotte vor.

„Oder wir bestellen Pizza!“, mischte sich nun Simon ein. „Pizza ist immer echt lecker! Und an Weihnachten sollte es doch nur leckere Sachen geben!“

Andreas verkniff sich die Bemerkung, dass Marion vermutlich ausflippen würde, wenn sie erfuhr, dass er die Kinder Heiligabend mit Pizza vollgestopft hatte!
„Ach was, ich schaffe das schon!“, machte er sich und den Kindern Mut.
Immerhin hatte er es gestern trotz einiger Überstunden geschafft, einen Baum zu besorgen und ihn sogar noch aufzustellen, bevor Charlotte und Simon ankamen. Geschmückt hatten sie ihn heute Morgen gemeinsam. Nun war er über und über mit Lametta behangen, weil Charlotte das so schön fand, und zudem zierten ihn jede Menge Schokoladenringe, die Simon unbedingt aufhängen wollte. Da beide Kugeln doof fanden, hatte Andreas die gar nicht ausgepackt. Immerhin weckte dieser Baum so gar keine Erinnerungen an frühere Zeiten, Marion hätte einen Baum ohne Kugeln und Weihnachtsengel gar nicht geduldet.
„Keine Pizza!“, entschied Andreas und setzte ein optimistisches Pokerface auf. „Wir kriegen das hin, oder? Reichst du mir mal das Salz?“
Andreas sah Charlotte aufmunternd an und nickte ihr zu. Zögernd reichte sie ihm den Salzstreuer, merkte aber an: „Du hast da schon ziemlich viel davon reingetan und es schmeckt trotzdem nach nichts! Außerdem sagt Mama immer, dass zu viel Salz ungesund ist!“
„Das stimmt, Schatz!“, bestätigte er und hielt inne. „Beides natürlich. Aber so unglaublich viel Salz ist da noch nicht drin, dass es ungesund wäre. Glaub mir, ich bin Arzt!“
„Ungesund nicht, aber vielleicht ungenießbar!“, murmelte Charlotte.
„Hast du das gehört, Papa?“, rief Simon plötzlich. „Pst, hört doch mal! Da ist jemand! An der Tür! Hört ihr das?“

„Das ist der Weihnachtsmann!“, kicherte Charlotte und knuffte ihren Bruder in die Seite. „Du bist doch schon acht, du glaubst doch gar nicht mehr an so einen Unsinn!“
„Quatsch, du wieder! Aber da ist was, hört doch mal!“
Andreas spitzte die Ohren und ehe er die Geräusche irgendeiner bekannten Sache zuordnen konnte, war Simon schon zur Tür gestürzt.
„Oh, guckt mal, ist das nicht süß?“, rief er.
Allein die Art, wie er es schrie, ließ bei Andreas sämtliche Alarmglocken schrillen. Sein Sohn liebte alles, war vier oder mehr Beine hatte, lebte oder wenigstens elektrisch angetrieben wurde, also gab es eine Menge, was er da gerade süß finden konnte. Mit einem Satz war nun auch Andreas an der Tür und stutzte. Was war das denn?
„Guck mal, Papa, das ist doch echt süß, oder?“, stellte nun auch Charlotte fest.
Das süße Etwas war kuschelig und einen schmalen halben Meter lang. Es hatte vier Beine und ein Gesicht, das Andreas irgendwie mit einem Marder in Verbindung brachte. Das gelblich-weiße Fell stand dem Etwas zu Berge und seine Schnurrhaare bebten. Während die Kinder sich dem Tierchen vorsichtig näherten und Andreas immer noch überlegte, was das eigentlich war, hörte er Schritte die Treppe hochkommen. Er lebte im obersten Stock eines Neubaus in der Innenstadt, seine Wohnung hatte fünf Zimmer – eines für jedes Kind und ihn, ein Wohnzimmer und ein Arbeitszimmer – und eine herrliche Dachterrasse. Dafür nahm er die bisweilen seltsame Nachbarschaft gern in Kauf, zumal er ohnehin kaum zu Hause war. Zudem waren es bis zum Krankenhaus nur fünfzehn Minuten zu Fuß, auch wenn er meist mit dem Wagen fuhr. Die Kinderzimmer, darauf hatte er geachtet, waren jedenfalls

nicht kleiner als die, die Charlotte und Simon bei ihrer Mutter hatten, die mit ihnen im ehemals familieneigenen Haus geblieben war. Natürlich hatte Andreas das Haus Marion und den Kindern überlassen, sie gingen dort in der Nähe in die Schule, ihre Freunde lebten dort und er arbeitete ohnehin hier mitten in der Stadt. Früher hatte er meist eine gute Stunde für die einfache Strecke benötigt, bei schlechter Verkehrslage gern auch mal das Doppelte. Aber dafür hatten sie im Grünen gewohnt, vor der Stadt, nicht darin und das war Marion sehr wichtig.
„Fritzi!“, hörte er eine junge Frauenstimme rufen. „Komm her, Fritzi!“
Das kuschelige Etwas drehte sich rum und sauste auf die junge Frau zu, die Andreas gleich der Wohnung schräg unter ihm zuordnete und vor der ihn schon sämtliche Hausbewohner gewarnt hatten.
„Die hat ganz komische Haustiere und wie die schon aussieht! Sehen Sie, Herr Doktor, so weit ist es hier schon gekommen!“, hatte ihm die alte Frau Schulze aus dem Erdgeschoss schon bei seinem Einzug erzählt. „Früher war das mal ein ganz ordentliches Haus! Da haben hier Familien mit Kindern gewohnt und richtigen Berufen. Leute wie Sie, Herr Doktor!“
Frau Schulze liebte es, ihn mit ‚Herr Doktor‘ anzureden, was bei seinen Kindern regelmäßig zu Kicheranfällen führte. Sie kannten ihn eben nur als Papa, dass er Arzt war, wussten sie natürlich, auch wenn sie sich unter einem Stationsarzt nicht so viel vorstellen konnten. Und was Pädiatrische Onkologie bedeutete, wussten sie zum Glück auch nicht.
Neben Frau Schulze hatten ihm auch die Bauers aus der Etage drüber zugeraunt, dass da in der Wohnung schräg unter ihm etwas nicht mit rechten Dingen zuging.
„Was da für Leute eingehen, wie in einer Rockerkneipe, gru-

selig! Alles ganz seltsame Gestalten! Wovon die leben, möchte ich mir gar nicht vorstellen! Auch nicht deren Kriminalakte!"

Nun stand also eines der seltsamen Tiere vor ihm und seinen Kindern und hörte offensichtlich auf den Namen Fritzi.

„Entschuldigung, wenn sie Sie gestört hat!", sagte die junge Frau und nahm Fritzi auf den Arm.

„Oh, die ist aber niedlich!", staunte Simon weiter. „Darf ich sie mal streicheln?"

Die junge Frau mit dem Nasenpiercing und der durchstochenen Oberlippe sah Andreas fragend an.

„Beißt es oder hat es Tollwut?", fragte er scherzhaft.

Seine Kinder lachten und Fritzis Besitzerin schüttelte den Kopf. „Nein, Fritzi ist ganz zahm und lieb und hat noch nie gebissen. Komm, Kleiner, du kannst sie gern mal streicheln!"

„Ich bin acht und heiße Simon!", stellte der sich erst mal vor, dann stürzte er sich begeistert auf Fritzi, der es auf dem Arm ihrer Besitzerin gut gefiel.

„Was ist Fritzi denn eigentlich?", fragte Charlotte neugierig.

„Fritzi ist ein Frettchen. Ich habe sie geschenkt bekommen, da war sie noch ganz klein!"

„Was ist ein Frettchen, Papa?", fragte Simon ohne mit dem Streicheln aufzuhören.

Auf einmal zischte etwas hinter ihm.

„Mist, da läuft was über! Ähm, ich muss in die Küche, Simon, und Sie, junge Dame, kommen Sie und Fritzi erst mal rein!"

Andreas sauste davon und stieß mit einer gezielten Bewegung den Topf von der Herdplatte. „Verflixt!", fluchte er. Das hätte die Soße werden sollen! Und wie sah das Huhn denn aus? Immerhin schien sein Herd nun doch noch warmgelaufen zu sein, denn das vormals bleiche Hühnchen, war inzwischen schwarz.

„Brauchen Sie vielleicht Hilfe?“
Andreas schrak zusammen, als die junge Frau hinter ihm auftauchte.
„Ich heiße Anne!“, stellte sie sich vor.
Andreas wurde vor Verlegenheit rot. „Ist es so offensichtlich, dass ich vom Kochen keine Ahnung habe?“
Anne kicherte. „Irgendwie schon. Aber keine Bange, die Kinder haben den verkohlten Vogel nicht gesehen, die haben nur Augen für Fritzi!“
Anne deutete auf die Töpfe.
„Danke!“, sagte Andreas. „Ich bin übrigens Andreas, Vater von Charlotte und Simon und von Beruf nicht Koch!“
„Ich weiß, Sie sind Arzt auf der Kinderkrebsstation!“, sagte Anne. Andreas zog überrascht die Augenbrauen hoch.
„Das wissen im Haus alle und Frau Schulze erzählt es ohnehin jedem, den sie in die Finger kriegt!“
„Ach so, ja, die gute Frau Schulze, tja, was soll ich da sagen?“
„Dass nicht alle Ärzte gut kochen können? Vorsicht, da läuft gleich was über. Was ist das? Hühnersuppe? Riecht zumindest so!“
„Gut erkannt!“, sagte Andreas und versuchte, die Hühnersuppe am hochkochen zu hindern.
„Drehen Sie da mal besser die Temperatur runter, die muss nicht stundenlang auf Hochtouren kochen, wenn sie schon fast fertig ist. Sollen da Nudeln rein oder nur Ei-Stich?“
„Kennen Sie sich mit dem Kochen etwa aus?“, fragte Andreas überrascht.
Anne nickte. „Zufällig ja, ich mache seit September letzten Jahres eine Ausbildung zur Köchin, bin also schon im zweiten Jahr. Sie können übrigens einfach Anne sagen, Sie sagt zu mir eigentlich keiner, nicht mal Frau Schulze!“

„Schön, Anne, dann bin ich einfach nur Andreas! Und, ich finde es nicht in Ordnung, dass du das hinnimmst! Du bist im entsprechenden Alter und hier in Deutschland ist es immer noch üblich, Menschen, die man nicht kennt, mit Sie anzusprechen, basta. Und du bist wirklich Köchin?"
Anne kicherte. „Wenn ich die Prüfung in gut anderthalb Jahren schaffe, ja. Und Hühnersuppe kriege ich hin. Was soll denn das andere werden?"
Andreas wurde wieder rot. „Ich würde ja sagen, rate mal, aber ich weiß, dass es furchtbar aussieht. Ich habe mich und meine Kochkünste wohl maßlos überschätzt und auch ehrlich gesagt nicht geahnt, wie viel Arbeit es macht und wie schwierig es ist, Hühnchen mit Klößen und Rotkohl auf den Tisch zu bringen. Als Hauptspeise. Die Hühnersuppe war als Vorspeise gedacht, zum Nachtisch wollte ich Vanillepudding mit Schokosauce machen, selbst natürlich, aber ich habe zum Glück auch Eis gekauft."
„Das gab es wohl früher immer bei euch?", hakte Anne nach und schmeckte nebenbei die Suppe ab. „Hast du Pfeffer?"
Andreas reichte ihr die Pfeffermühle, während er antwortete: „Bei meinen Eltern ja, meine Exfrau hat immer Kartoffelsalat gemacht. Nicht, weil sie nicht kochen wollte oder es ihr zu aufwändig war, sondern weil ich oft zu spät kam, da war was Kaltes eben einfach besser! Hast du heute nichts vor? Ich meine, ich spanne dich hier einfach zum Kochen ein – vielleicht wirst du längst erwartet?"
Anne schüttelte den Kopf. „Nee, auf mich wartet keiner. Mit meiner Mutter rede ich momentan nicht, wir streiten uns ständig, vielleicht rufe ich sie nach den Feiertagen mal an. Ich habe Urlaub, weil die Berufsschule Ferien hat und in meinem Ausbildungsbetrieb Betriebsruhe herrscht, alle haben Urlaub über die

Feiertage, bis einschließlich 6. Januar. Vielleicht kommen morgen ein paar Freunde vorbei, aber sonst bin ich mit Fritzi allein."
„Hast du noch mehr Tiere?", fragte Andreas neugierig.
Anne schüttelte den Kopf. „Nein, nur Fritzi. Meine Freunde haben auch Frettchen, Rocky und Sam sogar weiße Ratten, die bringen sie manchmal mit. Für mich ist Fritzi die Rettung, einer meiner Freunde hatte sie mir damals geschenkt, weil er sie übrig hatte. Da war sie noch total winzig und konnte nicht allein fressen. Ich war damals nahe dran, richtig abzurutschen, keinen Bock auf irgendwas, wenn du verstehst!"
Andreas nickte. „Und durch dein kleines Frettchen hast du den Absprung geschafft?"
„Nicht gleich, klar. Aber ich habe nichts mehr getrunken, außer mal einem Bier. War am Anfang hart, ging aber. Und dann hab ich geguckt, was ich kann und was mir Spaß macht – kochen eben. Also habe ich versucht, irgendwo eine Lehrstelle zu finden, aber das war echt schwer. Ich bin Klinken putzen gegangen und hab die Dame vom Arbeitsamt bequatscht. Die dachte zwar, dass die Gastronomie für jemanden wie mich nicht unbedingt das Richtige ist, aber meinen jetzigen Chef hab ich überzeugt. Mit selbstgemachten Maultaschen, einem Rezept, das ich aus dem Internet hatte!"
Andreas war beeindruckt von dem Antriebswillen und der Charakterstärke der jungen Frau. Andreas schaute auf die Uhr, es war inzwischen fast sechs geworden. Sie hatten sich ganz schön verplaudert, und kochen, stellte er fest, während er Anne weiter zu sah, ging offenbar wirklich nicht schnell.
„Und zu deiner Mutter willst du heute nicht gehen?", fragte Andreas vorsichtig. „Ich meine, egal, warum man sich streitet, es ist Weihnachten."
„Ich weiß, das sagen alle. Aber glaub mir, Mama ist kaum an-

sprechbar, sie ist fast ständig betrunken, deshalb streiten wir ja. Ihr neuer Freund versorgt sie mit Alkohol, so war es früher schon. Ich kenne das nicht anders. Sie hat immer wieder mal einen Neuen, von meinen drei Geschwistern leben die zwei jüngsten in Pflegefamilien, nur Lara, sie ist siebzehn, will nicht weg von ihr, weil sie Angst hat, Mama allein zu lassen. Auch darüber haben wir gestritten. Wenn Lara es nicht aushält, kommt sie zu mir. Sie geht noch zur Schule. Ob du es glaubst oder nicht, die ist echt gut, macht sogar nächstes Jahr Abitur!"
Andreas wusste nicht, was ihn mehr beeindruckte. Die Art, wie Anne mit den unschönen Erlebnissen ihrer Kindheit und ihren aktuellen Problemen umging oder mit welch geübten Handgriffen sie gerade dabei war, das Huhn zu retten.
„Vanillepudding, sagtest du?", wollte sie wissen. „Hast du noch einen Topf?"
„Klar. Willst du wirklich für uns kochen?", fragte er sicherheitshalber nach. „Du kennst uns doch gar nicht."
Anne kicherte. „Na und, du kennst mich doch auch nicht und hast mich reingebeten."
„Dann musst du aber mit uns essen!", verlangte Andreas und reichte Anne die Milch. „Was frisst eigentlich so ein Frettchen?"
„Frettchen sind Fleischfresser, dürfen aber kein Schweinefleisch bekommen", erklärte Anne ihm fachkundig. „Sie haben einen ziemlich kurzen Darm, deshalb verdauen sie schnell und brauchen eine proteinreiche Nahrung. Ich füttere immer Trockenfutter zu, wie man es auch machen sollte. Der Tierarzt ist mit Fritzi jedenfalls zufrieden."
„Ich habe Schabefleisch im Kühlschrank!", sagte Andreas. „Frisch, von gestern. Wäre das was für Fritzi?"
„Ich kann auch ihr Trockenfutter holen, aber sie muss ja nicht zwingend mit uns essen. Du hattest ja irgendwas vor damit!"

„Nicht wirklich!“, gestand Andreas. „Ich habe einfach alles Mögliche eingekauft! Ehrlich, Kochen ist nicht mein Ding.“
Plötzlich stürmte Charlotte in die Küche und rief: „Bleibt ihr beiden zum Essen?“ Dann zeigte sie auf das Augenbrauenpiercing von Anne und auf die durchstochene Oberlippe.
„Tut das eigentlich weh?“, wollte sie wissen.
Andreas warf Anne einen warnenden Blick zu.
„Jetzt nicht mehr, aber als ich es habe stechen lassen, hat es schon wehgetan. Viel schlimmer als deine Ohrlöcher!“
„Und warum hast du es dann gemacht?“, wollte Charlotte wissen.
„Weil die meisten meiner Freunde das auch hatten. Ich war noch viel zu jung dafür und es hat auch jemand gemacht, der davon keine Ahnung hat!“, gab Anne unumwunden zu. So viel Ehrlichkeit machte Charlotte sprachlos und sie lächelte scheu.
„Und jetzt rettest du unser Essen?“, fragte sie dann.
„Ja, wenn ihr noch ein bisschen auf Fritzi aufpasst!“
„Klar!“, versprach Charlotte. „Der Simon würde sie am liebsten behalten. Aber da hätte Mama was dagegen!“, kicherte sie.
„Wenn ihr bei eurem Vater seid, könnt ihr Fritzi ja besuchen, ihr müsst nur klingeln. Ich wohne direkt hier schräg drunter!“
„Cool! Ehrlich?“, freute sich Charlotte und lief ins Wohnzimmer. „Simon, Anne sagt, wir können Fritzi immer besuchen, wenn wir bei Papa sind!“
„Kinder!“, schüttelte Andreas den Kopf. „Aber danke für das Angebot! Ich fürchte nur, die beiden werden es ausgiebig nutzen.“
„Kein Problem“, sagte Anne. „Ich mag Kinder. Und Fritzi ist nicht scheu. Ich brauche das Puddingpulver. Hast du auch eine Vanilleschote gekauft?“

Andreas hatte und reichte Anne eifrig das, was sie verlangte. „Als kleiner Junge habe ich immer meinen Eltern beim Kochen geholfen!“, erinnerte er sich. „Ist lange her, aber bei mir zu Hause hat nicht nur meine Mutter gekocht, sondern an Feiertagen mein Vater. Dann durften wir ihm alles zureichen und hinterher die Küche putzen!“
Anne lachte. „Du hast ja zum Glück eine Spülmaschine!“, stellte sie fest.
„Was macht eigentlich dein Vater?“, fragte Andreas aus einem Impuls heraus. Diese junge Frau beeindruckte ihn immer mehr. Sie war so viel reifer als Mädchen in ihrem Alter. Die meisten Schwesternschülerinnen, die er in der Klinik traf, waren in ihrem Alter, wenn sie mit der Ausbildung begannen und die machten auf ihn immer einen wesentlich jüngeren Eindruck. Das harte Äußere, die Piercings und Tätowierungen an ihren Oberarmen standen zu ihrem freundlichen Wesen und ihrer hilfsbereiten Art in krassem Widerspruch.
„Ich habe meinen Vater nie kennengelernt!“, gab Anne zu. „War auch ein Trinker, wie Mama mal erzählt hat. Er hat sich nie um mich gekümmert und ich hatte nie das Bedürfnis, ihn zu suchen. Und mir reicht das Theater mit meiner Mutter!“
„Na ja, vom Alter her könntest du glatt als meine Tochter durchgehen!“, sagte Andreas lachend. „Ich bin schließlich schon Mitte vierzig! Da haben viele tatsächlich schon Kinder in deinem Alter!“
„Stimmt!“, gab Anne lachend zu, dann wurde sie schnell wieder ernst. „Ich hätte gern einen richtigen Vater gehabt. Hätte mich nicht gestört, wenn er viel arbeitet und nicht so oft da ist. Das stört deine beiden ja auch nicht!“
„Meine Exfrau hat es gestört!“, entfuhr es Andreas.
Anne nickte verständnisvoll. „Bei einem Mann ist das vielleicht was anderes. Aber bei einem Vater zählen andere Qualitäten!“

„Also, wenn ich dein Vater wäre“, stellte Andreas lachend fest, „dann würde ich dir dringend raten, dein Nasenpiercing zu entfernen. Wenn ich dein Arzt wäre, würde ich das übrigens auch tun, denn es sieht leicht entzündet aus! Aber zum Glück bin ich ja nicht dein richtiger Vater, sondern vielleicht nur ein väterlicher Freund!“

„Väterlicher Freund klingt gut!“, sagte Anne und füllte den Vanillepudding in kleine Schüsselchen. „Wir haben es geschafft – das Essen ist fertig!“

Andreas schaute staunend auf die dampfenden Töpfe auf dem Herd. „Ehrlich?“, fragte er. „Und das Huhn ist auch gerettet?“

„Ja, klar!“, sagte Anne. „Die verbrannte Haut machen wir einfach runter und die Klöße schwimmen oben – alles fertig!“

„Wer hätte das gedacht, dass das mit dem Festessen doch noch was wird!“, stellte Andreas fest. „Danke, Anne, ohne dich hätte ich das nie geschafft!“

Anne schluckte. „Das hat noch keiner zu mir gesagt!“, gestand sie.

„Väterliche Freunde tun so was aber!“, sagte Andreas. „Komm, lass uns essen!“

Charlotte und Simon staunten nicht schlecht, als sie sahen, was Anne und ihr Vater als Festessen gezaubert hatten. „Wie bei Oma, toll!“, freute sich Simon. Und auch Charlotte stellte fest: „Kein bisschen versalzen, schmeckt super!“

Und während sich die vier auf ihr Weihnachtsessen stürzten, futterte Fritzi fröhlich ihr Schabefleisch, das Andreas ihr auf Simons Drängen hin vorgesetzt hatte.

„Auch unsere Fritzi hat ein besonderes Weihnachtsessen verdient!“, beteuerte er. Und Andreas sah, wie sein Blick immer wieder Richtung Fritzi wanderte. Da musste also erst ein kleines Frettchen wie Fritzi kommen, damit er das mit Weihnachten und seinen Kindern ordentlich auf die Reihe bekam, dachte er und schickte schnell ein Stoßgebet zum Himmel, „Danke für Fritzi und Anne!“, raunte er. „Und für meine beiden!“ Dann schob er sich genüsslich ein Stück Huhn in den Mund.

Wo ist Doc?

Schnee an Heiligabend! Schon als ich nach dem Aufstehen aus dem Fenster sah, rieselten feine Flocken vom Himmel. Früher, als meine Kinder noch klein waren, hätte ich mich darüber sehr gefreut. Sie waren natürlich längst erwachsen, hatten ihre eigenen Familien. Carola wohnte mit ihrem Mann und den beiden Kindern etwas außerhalb, bei ihr verbrachte ich traditionell den ersten Feiertag. Den zweiten dann bei meinem Sohn Steffen. Dass ich den Heiligen Abend allein war, hatte mich so lange nicht gestört, wie ich noch berufstätig war. Vierzig Jahre lang war ich Buchhändlerin gewesen und Bücher sind nach wie vor ein beliebtes Weihnachtsgeschenk. Jedenfalls hatte ich Heiligabend immer viel zu tun, da konnte ich den Abend still für mich alleine genießen, abends in die Messe gehen und mich auf die beiden folgenden Tage freuen. Seit drei Jahren war ich jedoch pensioniert. Um nicht in ein Loch zu fallen, hatte ich mir beizeiten etwas einfallen lassen. Der Vorschlag, mich in der nahegelegenen Suppenküche zu engagieren, kam letztendlich von meiner Tochter.
„Du bist doch ein sehr sozialer Mensch, kümmerst dich gern und kannst wunderbar zuhören. Außerdem bist du noch super-fit, die brauchen dort bestimmt Leute wie dich!"
Davon war ich zwar am Anfang nicht so ganz überzeugt, aber schon bei meinem ersten zaghaften Versuch, mich vorzustellen, wurde ich von Hans, dem Leiter der Einrichtung, begeistert empfangen.

„Ehrlich, Agnes, wir brauchen dringend Leute, die sich engagieren wollen! Du bist uns herzlich willkommen!“

Dass sich dort alle mit „du“ ansprachen, war für mich doch schon ältere Dame im ersten Moment recht ungewohnt, doch das ging vorbei. Inzwischen half ich drei Mal die Woche aus und habe das bislang kein einziges Mal bereut. Es gibt eine Menge Vorurteile über die Menschen, die bei uns ein und aus gehen. Oft unterstellt man ihnen, dass sie nicht arbeiten wollen oder eine kriminelle Vergangenheit hätten. Ich habe in diesen drei Jahren gelernt, dass der erste und äußere Schein ganz oft trügt. Viele sind einfach gestrauchelt, haben irgendeinen Schicksalsschlag nicht verkraftet oder sind durch Alkohol und Drogen abgedriftet. Ihre Lebensgeschichten interessierten mich, ich hörte zu und oft reicht das ja schon aus. Natürlich gab es auch bei uns eine gewisse Stammklientel, Menschen, die regelmäßig kamen. Da war zum Beispiel eine Frau mit vier kleinen Kindern, die froh war, die Kinder nicht selbst bekochen zu müssen.

„Das Geld reicht vorne und hinten nicht!“, sagte sie ganz offen.

Andere, wie Doc, Rico und Karl lebten auf der Straße. Theo auch, obwohl der Mittdreißiger von Zeit zu Zeit auch mal bei jemandem unterkam. Probleme mit Alkohol hatten sie leider alle, und zumindest von Karl und Theo wusste ich, dass sie schon mehr als einen Entzug hinter sich hatten.

„Ich nicht!“, hatte mir im Gegenzug Doc erklärt. „Ich könnte Bruno nie allein lassen!“

Bruno war sein Schäferhund, und wie Doc mit bürgerlichem Namen hieß, wusste ich nicht. Überhaupt war er sehr verschlossen, redete kaum über sich. Aber auch so sah ich ihm an, dass es das Leben ihm nicht leicht gemacht hatte. Er starrte oft ins Nichts und wirkte dann, als ob er ganz weit weg wäre. Mir eine solche Verschlossenheit nicht zu Herzen zu nehmen, fiel mir nicht leicht. Diesen Abstand zu wahren, musste ich erst lernen, und das war gar nicht so einfach.

„Ich finde es ja toll, dass du dich engagierst, Mama, aber du kannst nicht jeden retten. Und manchen kannst du auch nicht helfen!“, hatte mir mein Sohn zu Anfang ins Gewissen geredet. Er kannte mich eben, mein Mitgefühl war groß. Doc, Karl und Rico kamen jeden Tag, Theo mehrmals in der Woche. Ich rechnete schon fest mit ihnen. Und auch wenn ich wusste, dass Doc lieber selbst auf alles verzichtete, als dass er es Bruno an etwas fehlen ließ, so vergaß ich nie, für seinen Schäferhund ein paar Leckereien zu besorgen. Andere brachten auch manchmal ihre Hunde mit, wir hatten in unserer Suppenküche nichts dagegen, wenn ihre Besitzer sie im Zaum hielten. Doch Bruno war für mich etwas Besonderes.

Als ich noch ein kleines Mädchen war, hatte mein Großvater zwei Schäferhunde besessen. Ich liebte sie abgöttisch und hätte später selbst gern einen gehabt. Doch mein Rainer, der leider viel zu früh verstarb, war kein Hundeliebhaber; außerdem fehlte es mir immer an Zeit. Und jetzt, wo ich die hatte, musste ich realistischerweise einsehen, dass meine Vierzigquadratmeter-Wohnung dafür zu klein waren. Zudem brauchte so ein Hund Bewegung, Auslauf und jemanden, der ihn im Griff hatte. Nichts fand ich schlimmer als unerzogene Hunde. Und das traute ich mir nicht mehr zu. Deshalb lebte ich meine Tierliebe eben gern an Bruno aus und Doc ließ mich lächelnd gewähren.

„Er mag Frauen!“, hatte mir Doc mal lachend erklärt. „Aber er muss sich mit mir begnügen!“

Für heute hatte ich schon ein paar spezielle Knochen beim

Metzger besorgt, Weihnachten sollte eben für alle besonders schön werden. Immerhin gab es heute sogar bei uns ein Festessen, der örtliche Supermarkt hatte Gänsekeulen spendiert, was Hans, der auch selber kochte, besonders freute.
Ich beschloss, mich zu beeilen. Es gab viel zu tun, denn heute waren wir nur zu dritt: Conny, Hans und ich. Die meisten Freiwilligen, die sich bei uns betätigten, hatten Familie, sodass gerade an Feiertagen jede helfende Hand gebraucht wurde. Ich war zwar ganz gut zu Fuß, aber Schneematsch und rutschige Fußwege mochte ich nicht besonders. Deshalb freute ich mich über die weiße Pracht, die da vom Himmel fiel, nicht wirklich.

Als ich ankam, hatte Conny schon aufgeschlossen. Sie war Mitte fünfzig und aufgrund eines Unfalls Frührentnerin. Eine eigene Familie hatte sie nicht, genau wie Hans, der nie verheiratet gewesen war. Die Suppenküche war praktisch ihr Ersatz dafür, und ihr Engagement war nicht zu übertreffen. Ein paar junge Männer wärmten sich bei einer Tasse Tee auf und ich hörte Hans in der Küche hantieren. Er briet die Gänsekeulen schon mal an, die wir heute gegen fünf auf die Teller bringen wollten. Nicht zu spät, damit jeder noch rechtzeitig dahin kam, wo er die Nacht verbringen wollte. Wir drei, Conny, Hans und ich, hatten uns vorgenommen, nach der Schließung um acht noch ein wenig beieinander zu sitzen. Danach, so mein Plan, wollte ich in die Messe und dann nach Hause gehen.
Noch während ich mir die Schürze umband, wurde es voller. Katja kam mit ihren Kindern und ich sah auch Karl durch die Tür huschen. Mit seinem grauen, langen Bart wirkte er immer etwas ungepflegt.
„Ein Tee wäre schön!“, sagt er zu mir und wartete geduldig, bis ich

mit der Schürze fertig war und ihm eingeschenkt hatte. Überhaupt war Geduld etwas, was die meisten hier im Überfluss hatten.
„Vier Stück Zucker?“, fragte ich zurück, obwohl ich das sicher wusste.
„Ja, ich nehme immer vier! Tee muss süß sein!“ Auch seine Antwort war immer die gleiche, es war eine Art Begrüßungsritual zwischen uns.
„Theo kommt auch gleich!“, sagte er mir, bevor er sich auf seinen Stammplatz setzte. Und so war es auch. Ich begrüßte die anderen Gäste und kümmerte mich um frischen Tee, als plötzlich Rico neben mir stand.
„Komm mal bitte, Agnes!“, sagte er und wirkte dabei irgendwie irritiert. „Bruno ist draußen, aber allein!“
Ich stellte die Kanne ab und ging rasch mit Rico hinaus. Und richtig, Bruno stand direkt vor der Tür und schien nur darauf gewartet zu haben, dass jemand ihn einließ. Es war kalt, der Wind hatte aufgefrischt und ich holte den Hund erst mal herein. Dann bat ich Rico, draußen nachzusehen, wo Doc bliebe. „Sonst muss ich mir erst einen Mantel holen!“, sagte ich. Rico machte sich sofort auf den Weg. Er war zwar noch recht jung, ich schätzte ihn auf höchstens Mitte zwanzig, hatte aber schon einige Zähne eingebüßt, was ihn deutlich älter wirken ließ. Auch die graue, fahle Haut und sein ausgemergelter Körper ließen mich ahnen, dass er wohl schon häufiger Kontakt mit Drogen hatte. Ich hatte mir abgewöhnt zu fragen. Das mochten die meisten ohnehin nicht und wenn sie reden wollten, war ich da.
„Na komm, Bruno!“, sagte ich zu dem Hund. „Wir können hier ja nicht stehen bleiben! Am besten setzt du dich wieder da drüben hin und ich hole dir was!“
Er schaute mich mit seinen braunen Augen immer so aufmerk-

sam an, dass ich mich ständig dabei ertappte, wie ich ganz normal mit ihm redete, als ob ein Mensch vor mir stehen würde. Und Bruno tat auch immer, was ich ihm sagte, was diesen Eindruck bei mir noch verstärkte. Trotzdem war ich froh, dass es keiner mitbekommen hatte, sonst zweifelte am Ende noch jemand an meinem Verstand. Ich brachte Bruno eine Schüssel mit Wasser und etwas Futter, die Knochen wollte ich für den Abend aufheben, als Rico schon zurück kam.

„Ich habe Doc nicht gesehen!“, sagte er und griff nach der Tasse Tee, die ich gerade eingeschenkt hatte. „Mann, ist das kalt da draußen!“

„Doc würde Bruno nie allein lassen!“, mischte sich nun auch Conny ein, die auf den einsamen Bruno aufmerksam geworden war. „Hoffentlich ist nichts passiert! Es war letzte Nacht doch schon so kalt und Doc geht doch schon aus Prinzip in kein Obdachlosenasyl!“

„Wegen Bruno!“, sagte Rico und hielt seine Tasse fest umklammert. „Tiere darf man da meist nicht mitnehmen und Bruno ist ja nun auch nicht gerade klein. Irgendwelche Regeln gibt’s eben immer!“

„Aber bei der Kälte immer nur draußen schlafen?“ Mir war ganz schlecht bei der Vorstellung. Auch wenn ich wusste, dass viele unserer Gäste Obdachlosenunterkünfte aus den verschiedensten Gründen mieden.

„Er hat einige Schlafplätze, die sind geschützt!“, sagte Karl. „Manchmal penne ich auch dort. In dem Abrisshaus, da an der Torstraße, weißt du?“

Ich ahnte, welches Haus er meinte, es war ganz in der Nähe und wirkte schon von außen völlig marode und baufällig.

„Aber jetzt sollte er eigentlich schon wach sein!“, meinte auch Conny und warf einen Blick auf Bruno, der nun sattgefressen,

wieder unruhig hin und her lief, den Blick immer fest zur Tür gerichtet.
„Da ist doch was passiert!“, sagte ich und merkte, wie mein Herz unruhiger wurde. „Am besten mache ich mit Bruno mal einen Spaziergang, hier ist es ja noch nicht so voll. Vielleicht kann mich ja Bruno zu seinem Herrchen führen!“
„Klar, das sieht man doch im Film immer, geniale Idee!“ Theo nickte begeistert und griff nach der Schürze, die ich gerade ablegte.
„Gib her, Tee kochen kann ich auch. Hans wird die Conny hinten in der Küche brauchen!“
Es war nicht unüblich, dass unsere Gäste zugriffen, wenn Not am Mann war. Ich drückte Theo meine Schürze in die Hand und warf meinen Mantel über. Da Bruno keine Leine trug, konnte ich nur hoffen, dass mir der Hund nicht ausbüxte. Doch schon nach ein paar Metern stellte ich fest, dass er auch ohne Leine brav neben mir lief. Die Passanten, die uns begegneten, nickten mir freundlich zu, vermutlich sah ich einfach nur wie eine ältere Dame aus, die mit ihrem Hund einen Spaziergang vor dem großen Fest machte.
„Komm schon, Bruno, wo ist dein Herrchen?“, fragte ich leise. Bruno schaute mich zwar an, aber machte nicht im Geringsten den Eindruck, als ob er wüsste, was ich von ihm wollte. Ich überlegte einen Moment, dann entschied ich mich, in jenem Haus in der Torstraße einfach mal nachzusehen. Es war keine zehn Minuten zu Fuß entfernt, und die Fußwege waren zum Glück gestreut. Trotzdem kamen Bruno und ich nur langsam voran. Vor dem baufälligen Haus blieb ich stehen. Die Fenster waren vernagelt und der Eingang zugemauert, offenbar hatte Doc einen anderen Weg hinein gefunden, nur welchen? Auf irgendwelche Klettertouren wollte

ich mich eigentlich nicht einlassen, aber nachsehen wollte ich trotzdem.
„Los, Bruno, du musst doch wissen, wo es hier hinein geht?“, fragte ich meinen vierbeinigen Begleiter. Bruno lief mir immer brav nach und es dauerte eine Weile, bis er offenbar begriff, was ich vorhatte. Dann lief er in die dunkle Sackgasse rechts neben dem Haus. Dort gab es an der Seite einen Zaun, der ebenso baufällig aussah wie das ganze Haus. Es war stockfinster, und eine Taschenlampe hatte ich natürlich nicht dabei.
„Doc?“, rief ich. Erst noch etwas zögerlich, dann lauter und lauter. „Doc, bist du hier? Brauchst du Hilfe? Gib mir ein Zeichen, wenn du da bist! Doc?“
Bruno schlängelte sich zwischen den Zaunlatten durch, so wie er es mit Doc sicher häufig tat, und verschwand. Als er zurück kam, war er allein. „Doc?“, rief ich wieder. Nein, so hatte das keinen Sinn! Ich war vernünftig genug, nicht in dieses Haus zu gehen, im Finstern würde ich mir dort vielleicht noch die Knochen brechen! Also ging ich mit Bruno im Schlepptau wieder zurück zur Suppenküche.
„Und?“, wurde ich von den Wartenden gefragt. Ich schüttelte den Kopf. „Da war es so dunkel, da bin ich nicht rein!“
„Soll ich mal nachsehen gehen? Ich kenne mich da aus!“, bot Rico an.
Auch wenn ich den Jungen nur ungern in dieses Haus schicken wollte, so siegte am Ende meine Sorge. „Ja, das wäre nett, Rico!“, sagte ich.
„Hier!“, rief Hans aus der Küche uns zu und wedelte mit einer Taschenlampe herum. „Die hab ich hier immer für Notfälle liegen! Pass trotzdem auf, Junge!“
Der Junge lächelte Hans dankbar an, Fürsorge dieser Art war er, wie die meisten hier, nicht mehr gewohnt. Trotzdem kam

auch er nach einer ganzen Weile unverrichteter Dinge zurück. „Doc ist nicht dort!“, bestätigte er meine Befürchtung. „Ich habe das ganze Haus abgesucht, aber da ist keiner. Und so wie es aussah, war er auch letzte Nacht nicht da. Ich meine, da war gar nichts, auch nicht seine Sachen!“

„Manchmal schläft er auch im alten Wasserwerk!“, meldete sich nun Karl zu Wort. „Da ist es geschützt und unten führen ein paar Heizungsrohre durch, sodass es dort sogar warm ist. Vielleicht ist er ja dort!“

„Er würde Bruno nie allein lassen!“, wandte Rico ein. „Niemals! Ich schätze, irgendwas ist mit ihm …“

Er ließ das Ende offen, aber ich ahnte, worauf er hinauswollte, auch wenn ich mich bemühte, den Gedanken nicht zuzulassen. Bruno wurde neben mir immer unruhiger. Er vermisste sein Herrchen, das sah ich ihm an der kalten, schwarzen Nasenspitze an. Auch wenn man in den Nachrichten immer wieder davon hörte, dass bei Minusgraden ein Obdachloser irgendwo erfroren war, so hatte ich so etwas Schreckliches zum Glück noch nie erleben müssen. Manchmal tauchten sie zwar für ein paar Wochen ab, aber meist kamen sie dann wieder und selbst wenn nicht, wusste irgendjemand ganz bestimmt zu berichten, dass sie die Stadt verlassen hatten oder wegen krimineller Aktivitäten verhaftet wurden.

„Doc macht doch nichts Illegales?“, fragte ich und spürte, wie meine Stimme zitterte.

„Nee, der doch nicht!“, widersprach Rico sofort. „Der säuft nur, nimmt nicht mal Koks oder Crystal. Und klauen tut der auch nicht. Der sitzt manchmal in der Fußgängerzone und bettelt, damit er für Bruno Futter kaufen oder den Tierarzt bezahlen kann. Kriminell ist der nicht!“

„Damit hätte ich bei ihm auch nicht gerechnet!“, mischte sich

nun Hans ein. Seine Gänsekeulen waren fertig und sein Blick wanderte besorgt zu Bruno.
„Was machen wir jetzt mit ihm? Wir können ihn ja schlecht allein in die Nacht schicken.“
„Ich nehme ihn mit!“, bot ich ohne zu überlegen an. „Doc tut alles für ihn, er würde ganz sicher nicht wollen, dass es ihm schlecht geht. Und wir zwei mögen uns auch, nicht wahr, Bruno?“ Wie zur Bestätigung jaulte Bruno auf.
„Ich gehe mal zum Wasserwerk!“, sagte Theo. „Aber hebt mir eine Keule auf, ja?“
Rico und ich versprachen es gleichzeitig. Rico musterte Bruno.
„Was ist?“, fragte ich.
„Glaubst du, dass er krank aussieht?“
„Wer? Bruno?“
Rico nickte. „Na ja, ich hab mir überlegt, wenn Bruno krank ist und Doc Geld bräuchte, dann sitzt er vielleicht vor dem Dom! Da müsste jetzt bald der Gottesdienst zu Ende sein. Und da der Dom riesig ist, gehen da viele Leute hin – die an Weihnachten sicher auch besonders großzügig sind. Ich glaub, ich gehe dort mal nachsehen! Hebst du für mich auch was auf?“
„Klar!“, versprach ich ihm sofort. „Die größten!“
Rico verschwand und nun erhob sich auch Karl. „Ich schnapp mir mal ein paar von den Jungs da drüben und suche mit denen die Umgebung ab. Vielleicht ist er ja ausgerutscht und hingefallen und kommt nicht mehr hoch. Der kippt ja auch immer ganz gut. Und nicht überall wird gestreut!“
Ich versprach allen, die suchen halfen, eine besonders große Portion und war überrascht, wie wenige zurückblieben.
„Ich komme selber kaum vorwärts!“, murmelte ein älterer Mann, den ich nur manchmal sah. Dann kam eine Frau im grauen Mantel herein und drückte mir einen Umschlag in die

Hand. Erst auf den zweiten Blick erkannte ich Marta, die Leiterin eines benachbarten Altenheims. „Wir hatten eine Weihnachtstombola und den Erlös wollten wir spenden. Ihr könnt doch jeden Cent gebrauchen!"
Ich dankte ihr, doch sie winkte ab und verschwand ebenso schnell, wie sie gekommen war. Klar, sie wollte heim, ich verstand sie gut. Außerdem, auch das hatte ich hier gelernt, hatten viele wirklich ein Problem damit, wenn man ihnen offen und ehrlich dankte. Ich reichte den Umschlag an Hans weiter, der sich sichtlich freute. Wir finanzierten uns durch Spenden und oft genug telefonierte Hans stundenlang herum, um einen Geldgeber aufzutreiben. Bislang war es immer gelungen.
Ich steckte Bruno noch ein paar Leckereien zu, dann, als die Jungs nach und nach kopfschüttelnd wiederkamen, trugen wir die Gänsekeulen auf und Bruno bekam seinen Metzgerknochen, auf den er sich mit großer Begeisterung stürzte. Trotzdem fiel mir auf, wie oft er zur Tür lief und jeden Neuankömmling in Augenschein nahm. Er suchte sein Herrchen, ebenso wie wir.
„Das funktioniert wohl nur im Film!", stellte dann auch Conny fest und deutete Richtung Bruno. „Wer weiß, wo Doc ist", sagte ich. „Vielleicht an einem Ort, den Bruno selbst nicht kennt! Was, wenn man ihn vielleicht doch verhaftet hat oder er in ein Krankenhaus eingeliefert wurde? Da kann er uns gar nicht hinführen!"
Conny nickte und bedachte Bruno mit einem mitfühlenden Blick. „Armer Hund!", murmelte sie.
Als Letzter kam Rico zurück. Da wussten wir schon, dass Doc auch im alten Wasserwerk die letzte Nacht vermutlich nicht verbracht hatte, denn Theo hatte uns berichtet, dass die Jungs, die sich dort aufhielten, Doc nicht gesehen hatten. „Und auch Bruno nicht!", versicherte er uns.

„Also an der Kirche war er nicht – aber ich habe das hier!" Rico griff in die Taschen seines abgetragenen Mantels und beförderte eine Handvoll Geldstücke zutage. „Hier, einer hat mir sogar einen Zehneuroschein gegeben!"
„Du hast doch wohl nicht dort gebettelt?", fragte ich ihn erschüttert. Rico zuckte mit den Schultern. „Klar doch! Doc war nicht da, das hab ich gleich gesehen und die Leute strömten alle gerade raus – hey, das hat sich angeboten und es ist ja auch für einen guten Zweck. Ich hab schon mal gezählt, es sind fast neunzig Euro! Und das in weniger als einer halben Stunde! Die waren echt großzügig!"
Das fand ich auch, noch großzügiger fand ich, dass Rico das Geld, ohne mit der Wimper zu zucken, Hans hinschob. „Hier, ich spendiere dann heute mal das Essen!", grinste er sichtlich zufrieden und stürzte sich auf seine Gänsekeule.

Das gemütliche Beisammensein fiel angesichts von Docs Verschwinden aus. Wie sollten wir denn feiern, wenn wir nicht wussten, was mit ihm war? Bruno saß ganz still neben mir und als wir die Suppenküche gegen acht abschlossen, nahm ich ihn selbstverständlich mit nach Hause. Kleine Wohnung hin oder her, es war ein Notfall. Und Bruno wusste sich schließlich auch zu benehmen. Daheim angekommen, kam ich trotzdem nicht zur Ruhe. Ich beschloss, die Polizei anzurufen und die Krankenhäuser abzutelefonieren. Dabei war es natürlich nicht besonders hilfreich, dass ich Docs richtigen Namen nicht kannte. Zudem waren die Schwestern Fremden gegenüber nicht besonders auskunftsfreudig.
„Bitte, ich arbeite in einer Suppenküche und der Mann ist nicht aufgetaucht, dafür aber sein Hund, da stimmt was nicht!", flehte ich den jungen Beamten, den ich unter der Nummer

des örtlichen Polizeireviers an die Strippe bekommen hatte, regelrecht an. „Ich mache mir Sorgen, und es ist doch Weihnachten! Der Mann würde seinen Hund nie im Stich lassen. Können Sie denn wirklich gar nichts tun?“
„Also, ich kann mal nachsehen, ob jemand aufgegriffen wurde, zu dem Ihre Beschreibung passt!“, ließ er sich erweichen. „Weil Weihnachten ist!“
Er drückte mich in eine Warteschleife und ich betete innerlich für eine gute Antwort. Es dauerte wirklich eine ganze Weile, dann war der junge Mann wieder dran.
„Frau Müller? Tut mir leid, hat eine Weile gedauert. Also, es wurde tatsächlich gestern Abend ein Mann aufgegriffen, auf den Ihre Beschreibung passt. Und der Beamte vermerkte auch, dass da ein Schäferhund gewesen sei, der ist dann aber weggelaufen!“
„Ja, das war Bruno, er ist hier bei mir!“, freute ich mich. „Können Sie mir sagen, was mit Doc ist und wo ich ihn finde?“
Der junge Beamte stutzte. „Also, ich bin noch nicht so lange dabei, ich weiß gar nicht, ob ich Ihnen das sagen darf, aber der Mann, der aufgegriffen wurde, war stark alkoholisiert, um nicht zu sagen, sturzbetrunken. Er wurde mit einer Alkoholvergiftung ins Elisabethkrankenhaus eingeliefert und ich schätze mal, dort ist er noch. Der Kollege hat als Zeit 22:45 Uhr eingetragen!“
„Dann sollte ich wohl gleich mal dort anrufen. Zum Vorbeigehen ist es ja wahrscheinlich schon zu spät. Obwohl, Doc macht sich sicher schreckliche Sorgen um Bruno.“
„Frau Müller!“, unterbrach mich der Beamte freundlich. „Das ist leider noch nicht alles. Die Kollegen haben vermerkt, dass er bei dem Sturz verletzt wurde, offener Bruch am Arm. Der Mann ist ganz sicher noch im Krankenhaus, vielleicht muss er

sogar operiert werden oder ist es schon. In jedem Fall werden Sie seinen Namen brauchen, sonst finden Sie ihn nicht. Er hatte seine Papiere dabei, deshalb konnten wir ihn, obwohl er nicht ansprechbar war, zweifelsfrei identifizieren. Und nachdem ich Ihnen eh schon zu viel gesagt habe, kann ich Ihnen den auch noch sagen: Dr. Jürgen Lipstätt!"

Ich dankte dem jungen Beamten überschwänglich. Doc war im Krankenhaus, wenn auch verletzt, aber am Leben! Mir fiel ein Stein vom Herzen, denn tief in meinem Innern hatte ich befürchtet, dass er vielleicht irgendwo lag, wo ihn bei der Kälte keiner mehr rechtzeitig finden würde. Aber so war er in Sicherheit. Und er war offenbar wirklich ein echter Doktor, wenn das sogar in seinen Papieren stand! Ich war beeindruckt, erleichtert und neugierig.

„Bruno, es kommt alles wieder in Ordnung!", sagte ich zu meinem vierbeinigen Gast. Ich schenkte mir jetzt endlich ein Glas Punsch ein und füllte Brunos Schüsselchen noch mal auf. Dann griff ich zum Telefon und gab mich ganz mutig als Tante von Doc aus.

„Also, ihr Neffe liegt in Zimmer 43 auf der Orthopädischen Station!", erklärte mir die erste Schwester, die ich am Telefon hatte. „Sie wissen aber, dass er stark alkoholisiert und in einem, sagen wir mal verwahrlosten Zustand aufgefunden wurde?"

„Ja, leider, schlimmes Schicksal", murmelte ich, schon weil ich gar nicht wusste, was ich ihr als Begründung hätte erzählen sollen. Ich wusste ja praktisch nichts über Doc.

„Ich würde ihn gern morgen früh besuchen, wenn das geht, jetzt ist es ja sicher schon zu spät. Aber vielleicht können Sie ihm ja schon mal ausrichten, dass Bruno bei seiner Tante Agnes in Sicherheit ist! Bruno ist sein Hund, verstehen Sie?"

„Ach, der Hund!“, sagte die Schwester gedehnt. „Ja, er hat ein paar Mal nach ihm gerufen und wurde richtig unruhig, als wir nichts sagen konnten. Es wird ihn sicher beruhigen!“
Auch wenn mir nicht ganz wohl dabei war, Bruno allein in meiner Wohnung zu lassen, war es mir ein Bedürfnis, zur Christmette zu gehen. Doc war in Sicherheit, das war mindestens ein Dankgebet wert. Und mein Vertrauen in Bruno erwies sich auch als gerechtfertigt: Ich fand alles so vor, wie ich es zurückgelassen hatte.

Natürlich konnte ich Bruno nicht mit ins Krankenhaus nehmen, also machte ich mich allein auf den Weg. Recht früh, denn ich wollte ja noch zu meiner Tochter. Die hatte ich schon vorgewarnt, dass ich Bruno mitbringen würde, zum Glück war das für Carola kein Problem.
Im Krankenhaus war es mir dann doch ein bisschen mulmig, als ich das Krankenzimmer betrat. Ich hatte ein paar Pralinen mitgenommen und eine Tüte Lebkuchen, für die Schwestern. Zum Glück lag Doc allein in einem Zimmer und er sah, so frisch rasiert, gekämmt und gewaschen, richtig gut aus. Sein rechter Arm steckte in einem schweren Gipsverband und über der rechten Augenbraue klebte ein Pflaster.
„Tut mir leid!“, sagte ich sofort. „Ich habe mich als deine Tante ausgegeben, aber sonst hätten sie mir nicht mal gesagt, ob du hier bist! Und wir haben uns doch solche Sorgen um dich gemacht!“
„Bruno ist bei dir, Agnes?“, fragte Doc als erstes.
Ich nickte. „Ja, mach dir keine Gedanken, es geht ihm gut, ich durfte ihn nur nicht mit ins Krankenhaus bringen, das ist ja klar!“
Dann erzählte ich ihm, wie alle nach ihm gesucht hatten; er war sichtlich bewegt.

„Ehrlich? Die sind alle losgelaufen? Wegen mir?“ Er war richtig fassungslos.

„Komm, Junge, nun mal Hand aufs Herz! Das mit dem Trinken bringt doch nichts, du landest im besten Fall hier und im schlimmsten auf dem Friedhof. Das ist die Sache doch nicht wert! Es gibt doch Hilfe, die du annehmen kannst! Und nun bist du einmal hier, dann mach doch auch gleich den zweiten Schritt!“

Ich erzählte ihm, dass mir die Schwester draußen einen Hinweis in Sachen Alkoholentzug gegeben hatte. „Sie sagte auch, dass die Plätze rar sind, aber man dich aufgrund der Umstände, recht schnell drannehmen könnte, als Notfall sozusagen! Das ist doch eine echte Chance! Du bist doch nicht dumm!“

Doc lächelte mich schief an. „Ich habe einen Doktortitel in Pharmazie und ein paar Jahre in der Forschung gearbeitet. Nee, dumm bin ich nicht, nur unfähig, mein Leben auf die Reihe zu kriegen!“

„Du bist nicht allein!“, sagte ich und drückte seine Hand. „Wenn du es nicht für dich tust, dann denk doch mal an Bruno! Der vermisst dich furchtbar, und er ist wirklich ein tolles Tier!“

„Er ist jetzt sieben Jahre alt und alles, was mir geblieben ist!“, sagte Doc und ich merkte, dass er gegen die Tränen kämpfte. „Aber gerade wegen Bruno kann ich nicht, verstehst du?“

„Nein!“, sagte ich und es klang härter, als ich das beabsichtigt hatte.

„In eine Entzugsklinik kann ich Bruno nicht mitnehmen!“, sagte Doc. „Ich würde ihn nie irgendwo zurücklassen, Agnes. Er ist alles für mich!“

„Das verstehe ich gut, aber Junge, du kannst ihn doch bei mir lassen! Und ich gebe ihn dir auch ganz sicher zurück, Ehrenwort! Wir können telefonieren, wenn du das dort kannst und ich kann dir schreiben und Bilder schicken und vielleicht kann ich dich sogar mit ihm besuchen! Ich passe gut auf ihn auf, versprochen!"

Doc schaute mich sichtlich bewegt an. „Das würdest du machen? Du weißt doch gar nichts von mir", sagte er mit belegter Stimme.

„Ich weiß genug!", sagte ich und spürte, wie sich in meinem Hals ein dicker Kloß bildete.

„Du hast ein gutes Herz und stellst Brunos Bedürfnisse über deine! Wenn du mir genug vertraust, wirst du mir schon alles erzählen. Das Wichtigste ist aber, dass du dir helfen lässt. Probleme kann man lösen, Jürgen!" Ich sprach ihn absichtlich mit seinem richtigen Vornamen an, den ich ja nun kannte.

„So hat mich schon lange keiner mehr genannt!", stellte er fest. Dann nickte er entschlossen. „Gut, wenn du dich wirklich um Bruno kümmern würdest und es dir nicht zu viel ist, dann sollte ich wirklich endlich was gegen den Suff tun. Allein kriege ich es nicht in den Griff und kaputt gemacht hat die Sauferei ja ohnehin schon alles. Weißt du, ich hatte alles, wenn ich heute so darüber nachdenke: einen tollen Job, eine tolle Frau, zwei wunderbare Kinder. Doch dann wurde es im Job immer mehr, immer weniger Leute, mehr Aufträge, unzuverlässige Leute und so weiter. Ich musste immer mehr arbeiten, meine Ehe litt, bei den Kindern habe ich alles verpasst, der Druck, der Stress, ich habe es nur noch ausgehalten, wenn ich mir abends die Kante gegeben habe. Dann bin rausgeflogen, weil ich auch tagsüber getrunken habe. Meine Frau hat echt viel versucht, mir sogar Bruno als Welpen geschenkt, damit ich auf andere Gedanken komme, doch ich habe damals ja nicht eingesehen, dass ich ein Problem hatte mit dem Alkohol. Dann hatte sie die Nase voll, sie hielt es nicht mehr aus mit mir – klar, ich war ja ständig randvoll. Ich bin ausgezogen, erst in eine kleine Wohnung, doch als meine Ersparnisse alle waren, bin ich auch dort rausgeflogen. Seit dreieinhalb Jahren lebe ich nun auf der Straße und saufe weiter."

„Dann wird es Zeit, dass du damit aufhörst", sagte ich nur. Seine Geschichte hatte mich bewegt, auch wenn sie nicht ungewöhnlicher war als das, was ich tagtäglich so hörte.

„Von ganz oben, nach ganz unten!", murmelte Doc. Ich nickte. „Ja, das stimmt, aber die erste Hürde auf dem Weg zurück hast du genommen! Jürgen, du hast eingesehen, dass du ein Problem hast. Nun mache den Schritt und lass dir helfen!"

Jürgen sah mich unschlüssig an. „Und dir macht es wirklich nichts aus, dich um Bruno zu kümmern? Du wolltest doch zu deinen Kindern? Was werden die dazu sagen?"

Ich strich ihm beruhigend über den Arm. „Er kommt mit, was sonst! Er ist schließlich ein lieber Kerl. Und die Schwestern hier haben meine Nummer. Vielleicht kannst du morgen oder übermorgen ja schon aufstehen, dann gehen wir eine Runde und dann kommt Bruno dich auch besuchen, draußen darf er ja warten! Nur Mut, Jürgen, du kannst alles schaffen, wenn du es wirklich willst!"

Als ich Jürgen verließ, war ich regelrecht beschwingt. Ich hatte ein wirklich gutes Gefühl dabei. Ja, er würde es schaffen, ich wusste das einfach. Bruno hatte wieder nichts in meiner Wohnung angestellt, das bestärkte mich natürlich weiter. Und bei meinen Enkelkindern war er der Star des Feiertags und nicht etwa meine Geschenke.

Am nächsten Vormittag durfte Doc tatsächlich kurz vor die Tür, und Brunos Begeisterung kannte keine Grenzen. „Ich hab mir solche Sorgen um dich gemacht!", raunte Jürgen seinem

Liebling ins gespitzte Ohr. „Hey, mein Freund, ärgere die Agnes nicht, verstanden? Sie kümmert sich um uns!“

„Ja, das mache ich!“ versicherte ich den beiden und beschloss, gleich nach den Feiertagen für Bruno eine Leine anzuschaffen. Denn er würde ja noch ein Weilchen bleiben. Solange bis Jürgen aus der Entzugsklink zurück sein würde, in die er durch eine glückliche Fügung gleich im Anschluss an eine Krankenhausbehandlung gehen konnte. Und um den Rest konnten wir uns dann immer noch kümmern.